Die Taxen

und

das Reglement

der

landschaftlichen Creditvereine

nach ihren

nothwendigen Reformen.

Von

Bülow-Cummerow.

Berlin.

Verlag von Veit und Comp.

1847.

Vorwort.

Im Jahre 1843 übergaben wir der Presse eine Schrift, in welcher wir auf die nöthigen Reformen der landschaftlichen Credit-Institutionen die Aufmerksamkeit richteten und unsere Ansichten über Bodenschätzung und Bodennutzung mittheilten.

Da unsere landschaftlichen Credit-Institutionen nicht in der Zeit so vorgeschritten waren und die von ihnen angewendeten Taxprincipien beim Erscheinen jener Schrift sich noch auf derselben niedigen Stufe befanden, welche ihnen im vorigen Jahrhundert angewiesen war, so veranlaßte unsere Aufforderung mehrere Pfandbriefs-Institutionen, sich mit Reformen zu beschäftigen, die jedoch in den seitdem verflossenen drei Jahren zu keinen wesentlichen Verbesserungen geführt haben.

Die Gründe, weshalb bei dem Gefühl des Bedürfnisses und bei dem besten Willen zu verbessern kein entsprechender Erfolg sichtbar geworden ist, liegen tief in dem Charakter des Deutschen, der ganz entwöhnt, sich um seine eigenen Angelegenheiten zu bekümmern, sich nur zu gern der Indolenz hingiebt, dabei in Wahrung seiner materiellen Interessen sich sehr unpraktisch beweis't, und wenn er zum Handeln gedrängt wird, so gern das Altflicker-Handwerk treibt. Wir bitten nicht um Entschuldigung, daß wir uns hier gegen sonst sehr verehrte Mitbürger stark aussprechen, sondern wir hoffen im Gegentheil auf Nachsicht, daß wir uns so milde ausdrücken, denn eigentlich müßten wir eine Art geistiger Knute in Anwendung bringen: denn einer solchen Stärkung bedarf der Deutsche, um aus seiner geistigen Ruhe erweckt zu werden.

Von allen Provinzen, die sich seit dem Jahre 1843 ernstlich mit einer Reform der landschaftlichen Taxprincipien beschäftigt haben, steht Pommern an der Spitze, und wenn auf der einen Seite die aufopfernde Hingebung einer aus den tüchtigsten Landwirthen erwählten Commission, welche die Aufgabe zu Reform-Vorschlägen erhalten hatte, nicht direkt zu günstigen Resultaten geführt hat, so können wir doch kaum umhin, das was geschehen ist als einen Fortschritt zu bezeichnen, weil jetzt die Bahn gebrochen ist, und dies hoffentlich früher oder später zu Resultaten führen wird.

Als wir im Jahre 1843 die erstere Schrift herausgaben, war unsere Absicht eine mehrfache. Wir wollten auf die wesentlichen Nachtheile des bisher befolgten landschaftlichen Systems und der bei diesem angewandten Taxprincipien hinweisen; zugleich beabsichtigten wir die Landwirthe auf diejenigen Punkte aufmerksam zu machen, welche zur richtigen Schätzung und Benutzung des Bodens führen könnten, und zu zeigen, wie unser Wissen in dieser Beziehung Stückwerk geblieben sei.

Der Zweck der vorliegenden Schrift ist ein ganz verschiedener, ein rein praktischer. Wir beabsichtigen nachzuweisen, worin die eigentliche Aufgabe der Pfandbrief-Institutionen bestehe, wie diese gelöset werden müsse, und welche Taxprincipien allein geeignet erscheinen, von den Pfandbriefs-Instituten in Anwendung gebracht zu werden,

Dem Leser unserer früheren Schrift ist unsere Hinneigung zu Grundtaxen bekannt, welche, trotz ihrer Mangelhaftigkeit, in anderen Ländern sich dennoch bei ihrer Anwendung allenthalben ebenso praktisch, als das System von allgemeinen Ertragstaxen unzweckmäßig erwiesen haben.

In dieser Schrift nehmen wir mit Beziehung auf Credittaxen (dies bevorworten wir ausdrücklich) den Kampf der Grund- gegen Ertragstaxen wieder auf. Der Entwurf zu neuen allgemeinen Ertrags-Taxprincipien für Alt-Pommern, von Landwirthen entworfen, die dazu ganz befähigt waren, giebt uns die Gelegenheit, die wichtigsten Controvers-Punkte zur Sprache zu bringen; und wir gestehen es offen, wir haben diese Gelegenheit erwartet, um im Stande zu sein, eine vergleichende Beleuchtung dem Urtheil des Publikums vorlegen zu können. Um nicht mißdeutet zu werden, bevorworten wir hier, daß wir in den nachstehenden Blättern keine eigentliche Kritik des beregten neuen Entwurfs bezwecken, sondern nur die Punkte hervorheben wollen, aus welchen die Unhaltbarkeit des Systems hervorgeht. Wir werden vieles Gute, was der Entwurf im Einzelnen enthält, übergehen, sowie auch manche seiner untergeordneten Mängel.

Sehr beklagen wir es, daß der Entwurf zu allgemeinen Taxprincipien für die ganze Monarchie, mit welchem sich das Landes-Oeconomie-Collegium seit drei Jahren beschäftigt, und deren Redaktion der als ausgezeichneter Landwirth bekannte Amtsrath Koppe übernommen hat, noch nicht erschienen ist, um ihn bei dieser Besprechung benutzen zu können. Die Aufgabe ist eine sehr schwierige, und wir wollen nur wünschen, daß der Amtsrath Koppe nicht seine Zeit und seine Kräfte an einem unhaltbaren System — dem allgemeiner Ertragstaxen — verschwende.

Wenn es auch dem Scharfsinn des Herrn von Wulffen und seiner Ausdauer gelingen sollte, die Methodik zur Berechnung des Feldbaues zur Vollendung zu bringen und, von dem Herrn von Schlicht und Andern unterstützt, uns eine Formel zu übergeben, welche mit Hülfe der Erfahrung den Schlüssel giebt, tiefer in die Geheimnisse der Natur einzudringen als es bisher geglückt ist: so wird dies zwar dahin führen, mit mehr Sicherheit die Productionsfähigkeit des Bodens zu ermessen und eine solide Basis für Ertragstaxen zu gewinnen, aber auch erst recht zur Ueberzeugung verhelfen, daß allgemeine Ertrags-Taxprincipien der Fabelwelt angehören.

In dem ersten Abschnitt dieser Schrift werden wir in seinen Hauptmomenten den neuen pommerschen Entwurf zu allgemeinen Ertragstaxen prüfen und demnächst diejenige Bodenschätzungs-Methode mittheilen, welche unserer Ueberzeugung nach allein ganz geeignet ist, bei Credittaxen angewandt zu werden.

In dem zweiten Abschnitt werden wir auf diejenigen Veränderungen des landwirthschaftlichen Reglements übergehen, welche zur Förderung der besonderen Zwecke dieser Institution, sowie der allgemeinen und höheren Staatszwecke nöthig erscheinen.

Einleitung.

Zweck der Pfandbriefs-Institution.

So wohlthätig auch die landschaftlichen Credit-Institutionen früher in mehrfacher Beziehung gewirkt haben mögen, so unterliegt es doch keinem Zweifel, daß die meisten derselben in der Entwickelung zurückgeblieben und so wenig mit der Zeit fortgegangen sind, daß ihre nützliche Einwirkung dadurch sehr vermindert worden ist. Dies hat man, wie bereits erwähnt, namentlich auch in Pommern erkannt, und sich mithin zu einer Reform entschlossen.

Die wesentlichsten Mängel, die dem bisherigen Abschätzungs-System vorgeworfen werden, liegen in der Unrichtigkeit der Taxprincipien, welche noch auf dem in der zweiten Hälfte des vorigen Jahrhunderts entworfenen, seitdem aber durch die Fortschritte des Landbaues unanwendbar gewordenen Schweder'schen Abschätzungs-Verfahren beruhen; ferner darin, daß, weil ihm zufolge manche Güter kaum auf Ein-Drittheil ihres wirklichen Werthes geschätzt werden, es dem Credit der Gutsbesitzer mehr schadet als nützt, und zugleich hierdurch den Preis der Güter herunterdrückt; endlich in den Weitläufigkeiten des Taxverfahrens, so daß es oft Jahre dauert, bevor eine Bewilligung erfolgt, und daß dadurch wie durch das Sinken der Pfandbriefe unter ihren Nominalwerth, bewirkt durch die Heruntersetzung des Zinsfußes auf 3½ Proc., der fernere Eintritt in die Landschaft so gut wie unmöglich gemacht wird.

Um beurtheilen zu können, welche Reformen erforderlich sind, um der landschaftlichen Credit-Institution ihre volle Wirksamkeit zu verleihen, ist es nöthig sich über ihre eigentliche Bestimmung zu verständigen. Erst wenn man die Zwecke kennt die erreicht werden sollen, hat man einen Maaßstab für die Wahl der Mittel, um zum Ziele zu gelangen.

Obgleich über diesen Punkt wohl kaum eine wesentliche Verschiedenheit der Ansichten bestehen kann, so halten wir es doch für nöthig, hierbei einen Augenblick stehen zu bleiben, um für unsere weitere Besprechung ein Fundament zu erhalten.

Die erste Aufgabe

der Pfandbrief-Institution geht wohl unleugbar dahin, den Gliedern der Association einen soliden Real-Credit gegen billige landesübliche Zinsen zu sichern, und dieselben dadurch den Verlegenheiten der Capitals-Kündigung zu entziehen, ihnen die Mittel zur Verbesserung ihrer Güter und zur Abfindung etwaiger Miterben zu gewähren, überhaupt auf Förderung der Landescultur und Erhaltung des Besitzstandes möglichst einzuwirken.

Die zweite Aufgabe

dieser Institution suchen wir darin, den Schwankungen des Zinsfußes beim Realcredit nach Kräften entgegenzuarbeiten, da von der Festigkeit desselben der Flor des Landbaues zum Theil abhängt, und da in national-ökonomischer wie anderer Beziehung es höchst wünschenswerth erscheint, den plötzlichen so schädlichen Veränderungen in den Preisen der Grundstücke entgegenzutreten.

Die dritte Aufgabe

der Landschaft besteht in der Vermittelung zwischen Schuldnern und Gläubigern, um diese außer direkter Berührung mit einander zu setzen; ferner darin, daß sie denjenigen Capitals-Inhabern, namentlich den Wittwen, Waisen, milden Stiftungen, Staatsdienern und allen, die sich nicht füglich direkt mit der Verwaltung ihres Vermögens befassen können, eine Gelegenheit gewährt, ihr Geld so unterzubringen, daß dasselbe ebenso wie eine prompte Zinszahlung unter allen Verhältnissen gesichert bleibt.

Wenn die so eben bezeichneten Punkte, wie wir glauben, die Zwecke der landschaftlichen Credit-Institutionen richtig angeben, so folgt hieraus, ihre erste Sorge müsse auf die Befestigung ihres eigenen Credits gerichtet sein; nur wenn der unerschütterliche Glaube besteht, die Landschafts-Associatation könne ihren, Namens der Gläubiger eingegangenen, Verpflichtungen gegen die Pfandbriefs-Inhaber unter allen Umständen nachkommen, — erst dann ist sie im Stande, ihre Bestimmung ganz zu erfüllen.

Um diesen unerschütterlichen Glauben hervorzurufen, genügt die allgemeine Garantie der Gesammtheit und des Staates selbst noch nicht, da beide nur in subsidio eintreten, sondern die eigentliche Basis der Sicherheit beruht vor Allem in dem Special-Pfande des Grund und Bodens, auf welchem die Rente eingetragen steht. Hieraus geht die Nothwendigkeit hervor, durch Glauben-verdienende Taxen den soliden Werth der Grundstücke zu ermitteln und jedenfalls durch solche, welche sich nicht auf problematische Berechnungen stützen, sondern dem gesunden Urtheile zugänglich sind.

Nicht minder wichtig und der eigentlichen Bestimmung der Landschaft entsprechend ist es, daß, wenn sie auf der einen Seite sich eine solide Basis sichern muß und ihren Credit nicht weiter ausdehnen darf, als es gefahrlos geschehen kann, sie auf der anderen jene nicht in einer willkürlichen Herunterdrückung des Werthes der Güter sehe, sondern allein in der Beschränkung der Höhe der Darleihungs-Summe. Um mithin dem Zwecke der Landschaft zu entsprechen, muß die aufzunehmende Taxe möglichst so richtig sein, daß dadurch das Grundstück nicht entwerthet werde; dagegen muß die Höhe der Beleihung sich auf den Theil des Werths der Grundstücke beschränken, welchen die Schwankungen des Geldmarkts nicht erreichen, der daher Vertrauen verdient und den Staat, die Provinz und die Societät selbst gegen jeden Ausfall sicherstellt.

Einer anderen höchst wichtigen, vorhin unter 2 berührten Bestimmung der Landschaft zufolge soll sie bei Benutzung des Real-Credits dem Zinsfuß mehr Festigkeit geben, und den Werth des Grund und Bodens möglichst den Schwankungen des Geldmarktes entziehen. Wenn das Geld auch eigentlich keine Waare ist, — wozu Manche es stempeln möchten, — sondern mehr das allgemeine Austauschungs-Mittel und den Maaßstab des Werthes aller Gegenstände bildet, so steigt doch das Bedürfniß nach Geld oft, und vermehrt so die Nachfrage nach ihm. Dies veranlaßt da, wo es an denjenigen Institutionen fehlt, welche in fast allen in der Intelligenz vorgeschrittenen Ländern Europa's als im dringenden Bedürfniß liegend eingeführt sind, ein großes Vibriren im Werth des Geldes, dem in einem wohlgeordneten Staate möglichst entgegengewirkt werden muß. Diesem Zwecke zu dienen fehlt es der Landschaft an Verbreitung und an Lebensfähigkeit überhaupt. Wir bemerken dies nur vorläufig und werden weiterhin auf diesen wichtigen Punkt bei den Verbesserungen, deren das landschaftliche Reglement bedarf, zurückkommen.

Ueber die verschiedenen Systeme zur Ermittelung des Werths der Landgüter behufs ihrer Beleihung.

Es handelt sich hier lediglich von der Werths-Ermittelung von Landgütern b e h u f s d e r B e l e i h u n g, wobei es darauf ankommt denjenigen Werth anzusprechen, den Grund und Boden unter gewissen gegebenen Verhältnissen haben, und der den wenigsten Veränderungen unterworfen ist (mithin abgesehen von den Resultaten einer künstlichen, oft zufällig hervorgerufenen Industrie), vor allem aber den Werth, welchen ihm seine chemische und physische Beschaffenheit mit Berücksichtigung des Absatzes seiner Produkte und der Oertlichkeit ertheilt.

Wir bevorworten es zugleich ausdrücklich, wie wir sehr wohl wissen, daß eine Werthschätzung des Bodens namentlich behufs des Verkaufs, der Verpachtung oder der Erbesauseinandersetzungen ganz andere Veranschlagungs-Grundsätze fordert, als diese oben angedeuteten, wenn auch das Princip, sich auf einem festen praktischen Boden zu halten, überall dasselbe bleiben muß.

Zwei verschiedene Taxmethoden haben bisher mit einander um den Vorzug gekämpft: sogenannte „Ertrags-Taxen" und „Grund-Taxen;" daß aber beide, und alle die, welche noch etwa erfunden werden möchten, nie im Stande sein werden, den künftigen Werth des Grund und Bodens vollkommen und auf alle Zeiten hinaus anzugeben, wird Niemand, dessen Auge klar sieht, in Zweifel ziehen können. Es handelt sich daher bei diesem Streit darum, mit welcher von beiden Methoden man der Wahrheit am nächsten kommt, oder welche weniger unrichtig ist. Schon die Ausdrücke: „Ertrags-Taxen" und „Grund-Taxen" sind keinesweges genau; da sie aber einmal recipirt sind, wollen wir sie beibehalten.

Wenn wir nun auf den wesentlichen Unterschied zwischen Ertrags- und Grund-Taxen zurückgehen, so beruhen erstere auf einer langen Kette von lauter Voraussetzungen, indem man Kräfte und ihre Ergebnisse normiren will, die man eines-theils nicht kennt, und die anderntheils einem beständigen Wechsel unterliegen, und indem man mithin gezwungen ist, sich hierbei in einem weiten Felde von Suppositionen zu verlieren, und am Ende zu willkürlichen Fixirungen zu schreiten, um überhaupt nur aus einem Labyrinth herauszukommen, in welches man sich verwickelt hat. Ganz auf dem entgegengesetzten Pol stehen die Grundtaxen. Sie halten sich rein an das Factische. Sicherer als durch alle künstlichen Rechnungs-Exempel hat sich für Grund und Boden ein gewisser Werth praktisch herausgestellt, der uns allein eine feste Grundlage gewährt, deren wir bei der anderen Taxmethode völlig entbehren.

Der wesentlichste Unterschied zwischen beiden besteht also darin, daß die erstere durch eine lange Reihe von Rechen-Exempeln, welche auf lauter Voraussetzungen von möglichen Erträgen und wahrscheinlichen Ausgaben beruhen, die künftigen Erträge eines Landguts ermitteln und nach diesen den Capitals-Werth bestimmen will, während die andere an einem, aus dem Leben, aus der Oertlichkeit und dem Gesammt-Verhältniß praktisch hervorgegangenen Ergebnisse festhält.

Doch dies sind Behauptungen, welche zu beweisen wir uns verpflichtet fühlen. Bei den auf den Befund sich stützenden Ertragstaxen geht man von dem Princip aus, die Erträge des Guts zu ermitteln und diese dann zu capitalisiren. Das erste große Dilemma, in welches man sich hierbei versetzt steht, besteht darin, daß man den nachhaltigen Capitals-Werth des Grund und Bodens aus dem vorgefundenen Wirthschafts-System, welches sich mit jedem Tage verändern kann, berechnen will, mithin den unveränderlichen Capitals-Werth des Objekts von der zufälligen Thätigkeit der Wirthschafts-Führung in das Subjekt verwandelt. Niemand, der nur irgend einen Begriff von der Landwirthschaft hat, wird behaupten können, daß das Wirthschafts-System, die Intelligenz und Thätigkeit des Wirthschaftsführers und die Geldmittel, die ihm zu Gebote stehen, nicht den wesentlichsten Einfluß auf die Ertrags-Fähigkeit des Bodens haben; vielmehr wird Jeder anerkennen müssen, daß, da diese veränderlich sind, nicht die zufällige jetzige oder eine andere fingirte Bewirthschaftung seinen eigentlichen Werth bestimmen, derselbe vielmehr, genau genommen, nur in dessen Eigenschaft als Objekt einer mehr oder weniger nutzbringenden Thätigkeit liegt.

Wenn wir nun zur Methodik der Ertragstaxen übergehen, so finden wir, daß man nach den verschiedenen Ackerklassen einen gewissen Körnerertrag supponirt. Ob dieser wirklich erfolgen werde, hängt zunächst von der guten oder der schlechten Bewirthschaftung ab; diese, die Fruchtfolge und der Dünger-Zustand haben daher mindestens einen ebenso großen Einfluß auf die zu hoffenden Brutto-Erträge, als die chemische und physische Beschaffenheit des Bodens selbst. Um die Unsicherheit nun noch zu vermehren, kommt der Einfluß der Atmosphäre, des Lichts, der Wärme und des Windes auf die

Vegation hinzu, deren Einwirkungen uns bis jetzt unbekannt sind, und sich wenigstens nicht in Zahlen fassen lassen.

Ebenso problematisch als die Berechnungen über den angenommenen Körner- und Stroh-Ertrag zeigt sich die über die Höhe der Wirthschafts-Ausgaben. Wir wollen, um uns nicht zu sehr auszubreiten, nur Einen Punkt hervorheben.

Abgesehen von dem Aufwande verschiedener Art, den eine Bewirthschaftung erfordert, kann nicht geleugnet werden, daß der Dünger gleichsam die Seele der ganzen Wirthschaft sei, daß er also das unentbehrlichste Material sei, dem Boden die durch mehrere Ernten entzogene Kraft zu ersetzen; daß, mit einem Worte, von den zureichenden Düngungsmitteln nicht allein die Höhe der Produktion abhängig ist, sondern auch die Fortdauer der Bodenkraft selbst. — Alles dies wird Niemand in Abrede stellen wollen, und ebensowenig, daß der Dünger in vielen Fällen als eine der Hauptausgaben der Landwirthschaft betrachtet werden müsse. Wie soll es aber möglich sein, die Höhe dieser Ausgabe nachzuweisen oder wohl gar, wie dies beiläufig gesagt in dem Entwurf für die verschiedensten Oertlichkeiten geschieht, zu quotisiren? Wieviel der Dünger in dieser oder jener Wirtschaftet kostet, hängt nicht allein von der chemischen und physischen Beschaffenheit des Gutes selbst, von dem zu hoffenden Futtergewinn, von den Heu-Erträgen, von der Höhe des möglicherweise zu haltenden Viehstandes und von der Fruchtfolge ab, sondern vor Allem auch von dem Umstande, wie hoch man das, zur Gewinnung des Düngers dem vorhandenen Viehstande zu verabreichende Futter durch dieses nutzt. Es giebt Fälle, besonders da, wo Milch, Butter und Fleisch hoch im Preise stehen, wo durch die Einnahme aus diesen der Werth des zur Ernährung des Viehs verwandten Heu und Stroh gedeckt wird, der Dünger mithin nichts kostet; es giebt wieder Fälle, wo der Viehstand so wenig einbringt, daß der Dünger sehr theuer zu stehen kommt und der Werth des Heu, Stroh und der angebauten Futtergewächse nur durch den Dünger repräsentirt wird. Wie soll nun durch eine Ertragstaxe eine so große Ungleichheit in der Höhe der Ausgaben ermittelt werden, und wie unzuverläßig muß die Taxe bleiben, wenn dies nicht geschieht? Wie muß diese Unzuverläßigkeit sich aber noch steigern, wenn man für die verschiedenen Localitäten allgemeine Taxprincipien annehmen will?

Gleich schwierig ist es bei dieser Abschätzungsmethode, im Voraus bestimmen zu wollen, wie viel Dünger gewonnen werden wird, und wie groß die Masse des Düngerbedarfs sei, um dem Boden die durch mehrere Ernten entzogene Kraft zu ersetzen. Wenn es aber unmöglich ist, dergleichen auf keiner festen Unterlage beruhende allgemeine Bestimmungen anzugeben, welche Bürgschaft bleibt dann für die Ausdauer der Bodenkraft? welche für die nachhaltige Productions-Fähigkeit und die darauf berechneten Erträge?

Noch unsicherer wird die Berechnung, wenn die Ermittelung des Reinertrages nach ein- für allemal angenommenen festen Sätzen erfolgen soll. Nicht allein, daß der Werth der Produkte von den so oft schwankenden Handels-Conjuncturen und der Wohlfeilheit oder Theurung des Geldes abhängt, sondern auch der Preis des Arbeitslohns, der Bestellungskosten verändern sich, ja selbst die ganze Localität zuweilen, wenn z. B. durch Eisenbahnen, Kunststraßen ganz entlegene Gegenden in die Concurrenz der Absatzwege treten u. s. w. Den allgemeinen Ertragstaxen, dies ist der Vorwurf der sie trifft, fehlt jede feste Grundlage. Es werden, wie erwähnt, gewisse Körner-, Stroh- und Heu-Erträge supponirt, eine gewisse Fruchtfolge vorausgesetzt, es werden die Wirtschaftsausgaben, die Bestellungskosten nach einem allgemeinen Durchschnitt berechnet, welche sämmtlich von tausend Zufälligkeiten abhängig sind. Dazu kommt, daß die Hauptausgabe, die Kosten des Düngers, kaum zu berechnen, und niemals durch eine allgemeine Formel zu ermitteln sind; ebensowenig lassen sich die Preise der verschiedenen Produkte, die oft in den einzelnen Theilen einer Provinz so sehr von einander abweichen, anders als durch willkürliche Annahmen bestimmen, die nie richtig zutreffen. Wenn man endlich noch erwägt, daß der Vegetationsproceß, die Intelligenz und Thätigkeit des Wirthschaftsführers, das erforderliche Betriebcapital, das Vorhandensein der Arbeitskräfte u. s. w., die alle mehr oder weniger einem Wechsel unterworfen sind, zu Hauptfactoren der constantbleibenden Werthe des Grund und Bodens bei den Ertragstaxen gemacht werden: so wird man sich von der völligen Unhaltbarkeit des Systems allgemeiner Ertrags-Taxprincipien überzeugen. —

Gehen wir nun andererseits zu den Grundtaxen über, so wendet man gegen diese ein, daß, da der Werth des Grund und Bodens kein absoluter, sondern nur ein relativer sei, indem er diesen erst durch die Arbeit und das daran gewandte Capital erhalte, es mithin keinen von der Bewirthschaftung getrennt gedachten Grundwerth geben könne.

Dies ist abstrakt gedacht richtig, allein faktisch und praktisch unrichtig.

Sehr einseitig ist überhaupt die Behauptung, Grund und Boden bekäme nur einen Werth durch den Zutritt des Capitals und der Arbeit. Diese beiden allein bedingen denselben noch nicht, sondern er erhält diesen erst, wenn sich auch Verbraucher finden, wenn Person und Eigenthum unter dem Schutz des Gesetzes stehen, der Handel und die Gewerbe sich entwickelt haben. Daß aber da, wo alle diese Vorbedingungen seines Werths vorhanden sind, sich für Grund und Boden, den Ernährer aller Menschen, faktisch ein Geldwerth bilden mußte und sich herausgestellt hat, wird Niemand zu bestreiten wagen.

Mit der Ermittelung eines solchen Preises des Grund und Bodens, wie er sich aus dem gesellschaftlichen Leben entwickelt hat, beschäftigen sich die Grundtaxen; es erscheint daher doch wirklich als höchst thöricht, durch lauter fingirte Berechnungen künstlich einen Werth ermitteln zu wollen, der sich schon praktisch herausgestellt hat. Allein von manchen Seiten her wird ferner behauptet, es fehle der Maaßstab für diesen Werth, den Grund und Boden habe. Das völlig Unhaltbare dieser und mehrerer anderer Einwendungen werden wir zu seiner Zeit nachweisen, und jetzt von den allgemeinen Bemerkungen zur Prüfung der wesentlichsten Punkte des neuen Taxentwurfs übergehen.

Kurze Andeutung der wesentlichen Punkte, welche die Grundlage des Entwurfs zu den neuen landschaftlichen Taxprincipien von Pommern bilden.

Diesen Entwurf verdanken wir, wie bereits erwähnt, einer Commission von vier, als sehr praktischen Landwirthen bekannten und mit den wissenschaftlichen Fortschritten der Landwirthschaft vertrauten, Rittergutsbesitzern. In ihm finden sich manche bedeutende Abweichungen von dem System, welches bisher bei Aufnahme von landschaftlichen Taxen angewendet ward. Die wesentlichsten bestehen darin, daß nur die Roh-Produktion des Grund und Bodens zur Veranschlagung gebracht wird und nicht ihre Verwendung, daher auch nicht wie früher die Viehnutzung in Rechnung gestellt wird; ferner, daß wenn die erforderlichen Gebäude und die Inventarien-Stücke fehlen, der Kostenpreis derselben von dem Grundwerth abgezogen wird, und daß Fabrikanlagen, Brauereien, Brennereien, Ziegeleien, Kalköfen u. s. w. außer Veranschlagung bleiben; endlich, daß die Arbeitskosten sorgfältig berechnet und nach ihrer ganzen

Höhe in Abzug gebracht werden, was bei den früheren Taxen nicht der Fall war.

Da unstreitig dem bei weitem größten Theil unserer Leser der Entwurf zu den neuen Taxprincipien in Pommern nicht bekannt sein wird, so wollen wir hier die Grundzüge desselben mittheilen. —

Das System, von welchem die Commission ausgegangen ist, haben wir zwar schon mit einigen Zügen angedeutet, halten uns aber noch zu einer weiteren Ausführung verpflichtet. Hiernach hat sie sich für allgemeine Ertragstaxen erklärt und will den bleibenden Capitalswerth des Grund und Bodens nach dem Befund und nach allgemeinen festen Normen über Roherträge, deren Geldwerth nach den Bestellungskosten für jetzt und für die Zukunft in den so unendlich von einander abweichenden Local-Verhältnissen von Pommern ermitteln lassen.

Auf das Specielle übergehend, so theilt sie beim Acker sämmtliche Bodenarten nach ihrem Lehm- und Sandgehalt in vier Klassen, und diese wieder in gewisse Culturstufen. Bei den Wiesen werden nur drei Klassen angenommen; dies sind Wiesen, die Schafheu bringen, andere die Kuhheu geben, und drittens, die ganz grobes schlechtes Heu liefern. Beim Acker werden nach der chemischen Beschaffenheit des Bodens und seiner sogenannten Culturstufe die Aussaat und die Erträge in Körner und Stroh normirt.

Durch eine, wie weiterhin gezeigt werden wird, auf höchst gewagten Hypothesen beruhende Berechnung wird die zu gewinnende Dungmasse und der Normal-Düngerbedarf, um eine Aussaugung des Bodens zu verhindern, berechnet. Bei den Wiesen dagegen wird die fortdauernde Produktionsfähigkeit ohne Ersatz angenommen.

Da die Commission den Bodenwerth nach der Masse und Güte der Erzeugnisse desselben, minus der Ausgabe, und zwar nach einer durchlaufenden Scala zu berechnen beabsichtigt, so sah sie sich in Verlegenheit versetzt, indem der Werth so mancher Produkte des Bodens, bei der Ungleichheit des Preises derselben in den verschiedenen Theilen der Monarchie, zu einer großen Benachtheiligung führen müßte. Aus dieser Verlegenheit glaubte sie sich ziehen zu können, wenn sie alle Einnahme- und Ausgabe-Objecte auf Roggenwerth und diesen Zwischen-Vermittler wieder auf Geld reducirte.

Hiedurch hat sie aber den begangenen Fehler, zu welchem sie durch das falsche System gedrängt war, nur verdeckt, auch keinesweges verbessert, sondern noch verdoppelt und verdreifacht: letzteres dadurch, daß sie im Gefühl der Unsicherheit der ganzen Berechnung, um das Institut vor Verlust zu schützen, den Preis des Roggens, wie wir weiterhin zeigen werden, so niedrig gestellt hat, daß die Taxe selbst darunter an Wahrheit leidet.

Auch bei den Wirthschafts-Ausgaben hat die Commission sich vielfach zu Normirungen entschließen müssen. So werden namentlich von dem gewonnenen Heu und Stroh ein sehr bedeutender Theil in der Einnahme nicht veranschlagt, sondern zur Deckung des Düngerbedarfs in Ausgabe gestellt. Hierbei wiederholt sich der eben gerügte Fehler, fort und fort nach einem allgemeinen Maaßstabe messen zu wollen. Wir haben schon vorhin gezeigt, zu welchen Verletzungen dies führen müsse, weil da, wo Fleisch, Milch und Butter gut zu versilbern sind, die hohen Abzüge von respektive 75 Proc. beim Stroh und 50 Proc. beim Heu, welche für die Düngerproduktion abgerechnet werden, nicht zu rechtfertigen sind, während diese wiederum da, wo die Viehnutzung unbedeutend ist, kaum ausreichen mögen.

In Hinsicht der Bestellung und der dadurch veranlaßten Ausgaben sind gleichfalls allgemeine Normen angenommen. Auf eine gewisse Morgenzahl der, durch die bestehende Fruchtfolge jährlich zur Beackerung kommenden, Grundfläche wird Ein Pferd gerechnet, dabei jedoch auf die Beschaffenheit des Bodens Rücksicht genommen. Wenn nur der einzige Umstand berücksichtiget wird, daß bei der Ausdehnung der Provinz Pommern von Südwest nach Nordost die Bestell- und Ernte-Zeit oft in dem einen Theile 14 Tage oder 3 Wochen früher eintritt als in dem andern, und daß dies nur durch eine größere Anspannung ausgeglichen werden kann, so wird sich jeder überzeugen müssen, daß auch diese Quotisation sich als unpraktisch erweiset. —

Doch wir werden uns mit diesen vorläufigen Anführungen über die wesentlichsten Punkte des Planes begnügen können, da wir in dem nächsten Abschnitt auf die einzelnen Punkte zurückkommen werden.

Kritische Beleuchtung der Anwendbarkeit der einzelnen Paragraphen des Entwurfs der Commission.

Nach §. 21 des Entwurfs hat die Commission sich für vier Ackerklassen erklärt mit vier Unterabtheilungen, die sie mit dem Namen Ertragsstufen bezeichnet.

In diesem §. heißt es wörtlich wie folgt:

Es werden vier Normal-Acker-Klassen festgestellt und zwar:

I. Acker-Klasse. Boden, der vorzugsweise zum Weizenbau geeignet ist, dessen Mischung in einem überwiegenden Antheile von Lehm besteht. Diese Klasse wird nach dem Grade ihrer Ertragsfähigkeit in fünf Unterabtheilungen (Ertragsstufen) getheilt.

II. Acker-Klasse. Boden, der nicht einen so überwiegenden Antheil von Lehm enthält, um zur I. Klasse gerechnet zu werden, der aber noch zum Gerstbau geeignet ist. Diese Klasse zerfällt in vier Ertragsstufen.

III. Acker-Klasse. Boden von so geringem Lehmgehalte, daß er sich eigentlich zum Gerstenbau nicht mehr eignet, aber fähig ist, mit gutem Erfolge Hafer zu tragen, mit drei Ertragsstufen.

IV. Acker-Klasse. Boden, der vorzugsweise aus Sand besteht, aber noch benarbungsfähig ist, mit zwei Ertragsstufen.

Der Einfluß der Ertragsstufen auf die Werths-Ermittelung ist aus den entworfenen Ertrags-Tabellen für die einzelnen Getreide-Arten (cfr. §. 29) ersichtlich.

Um diesen §. gehörig würdigen zu können, lassen wir §. 22 und §. 23 folgen:

§. 22. Bei der Frage, in welche der vier Acker-Klassen der abzuschätzende Acker zu bringen ist, entscheidet die Grundmischung desselben, wogegen bei der Beurtheilung, in welche der verschiedenen Ertragsstufen derselbe gehört, lediglich die von ihm zu erwartenden Erträge zur Richtschnur dienen, wobei auf alle Bedingungen der Kultur, als vollständige Abgrabung, tiefe Beackerung, aushaltender und durchlassender Untergrund, klimatische und Neigungs-Verhältnisse und dergleichen zu achten. Die Boniteure haben, um für den abzuschätzenden Acker die passende Ertragsstufe aufzufinden, die in den Ertragstabellen angegebenen Erträge vom Winter-Korn nach reiner gedüngter Brache sich zur Richtschnur dienen zu lassen, ohne hierbei auf die vorangegangenen Ruhejahre, deren Einfluß besonders berechnet wird, zu rücksichtigen.

Der kaltgründige, schlumpige (schluffige) Acker gehört allemal in die letzte Ertragsstufe derjenigen Ackerklasse, zu welcher er eingeschätzt ist.

§. 23. Der Moorboden wird wie gewöhnliches Ackerland durch Bonitirung seiner Grundbeschaffenheit und Ertragsfähigkeit nach den Sätzen der resp. Ertrags-Tabellen zur Veranschlagung gebracht, wenn bei Bewirthschaftung desselben eine geordnete Eintheilung und Fruchtfolge besteht. Die I. Acker-Klasse und die 1. Ertragsstufe der II. Acker-Klasse bleiben dabei jedoch als für Moorboden nicht anpassend ausgeschlossen. Ist die Fruchtfolge noch nicht vollständig geordnet, so kommt der Moorboden als Wiese oder als Weide zur Veranschlagung.

Da der Capitals-Werth des Grund und Bodens zunächst von seiner Beschaffenheit abhängt und die Richtigkeit der Taxen von einer zu treffenden Klassifikation der in ihrem Werth verschiedenen Bodenarten, damit es demnächst dem Boniteur möglich wird, diese genau anzugeben, so müssen wir diesem Gegenstand die größte Aufmerksamkeit widmen.

Die von der Commission angedeuteten Unterscheidungszeichen für die verschiedenen Bodenarten lauten so unbestimmt und sind so ungenügend, daß sie weder bezeichnend sind, noch dem Boniteur irgend einen Leitfaden abgeben. Es ist bei der vorhin mitgetheilten Klassifikation der Bodenarten nur von einem mehr oder minder vorhandenen quantitativen Verhältniß von Lehm und Sand die Rede. Abgesehen davon, daß nicht einmal ungefähr das quantitative Verhältniß der Lehmtheile angegeben ist, nach welchem die Klassen sich scheiden sollen, so macht der Lehmgehalt noch nicht allein den Boden fruchtbar, und ebensowenig der Sand ihn unfruchtbar. Gern wird zugegeben, daß die Bindigkeit und Wasserhaltigkeit des Bodens zum Theil von dem Lehmgehalt, welchen er enthält, bestimmt wird, und daß namentlich der Weizen und die Gerste jener Eigenschaften zu ihrem Gedeihen bedürfen, allein auf die Produktionsfähigkeit des Bodens wirken noch andere Bestandtheile desselben ein; als solche wollen wir nur die Humussäure, den Kalk, das Salz, den Talk und Gips anführen, die den wesentlichsten Einfluß auf eine freudige Vegetation haben. Auch die Beschaffenheit des Lehms und des Sandes selbst sind von dem allerwesentlichsten Einfluß darauf. Ob der Sand ein fein- oder grobkörniger, oder mergelreicher sei, desgleichen, ob er sich eines feuchten Untergrundes erfreue, hat einen bedeutenden Einfluß auf seinen Werth. Beim mehr lehmhaltigen Boden entscheidet wiederum seine Zusammensetzung über den Grad der Fruchtbarkeit; die mit Eisentheilen vermischte Alaunerde macht ihn ebenso unfruchtbar, als eine glückliche Beimischung von Talk und Humussäure ihn in die erste Ertragsstufe versetzt. Den Herren der Commission ist dies Alles gewiß ebenso bekannt wie uns, und wenn sie dennoch eine Klassifikation gewählt haben, die so gut wie gar keine ist, so hat sie unstreitig die Rücksicht bestimmt, daß, um die verschiedenen Bodenarten demnächst nach wirklich richtigen Ackerstufen herauszufinden, es an geeigneten Boniteurs fehlen und eine so specielle Zergliederung des Bodens bei den landschaftlichen Abschätzungen zu weit führen würde.

Die Commission hat, um die nachtheiligen Folgen einer ungenügenden Klassifikation des Bodens abzuwenden, den Acker in Ertragsstufen getheilt, inzwischen dadurch die richtige

Ermittelung noch mehr erschwert, und dem Ermessen der Boniteurs und Taratoren, ohne ihnen einen sicheren Anhaltspunkt zu gewähren, noch weiteren Spielraum eröffnet.

In welche der Ertragsstufen der zu tarirende Boden gesetzt werden soll, ist dem Boniteur nach §. 6 übertragen, und wenn weiterhin in den Motiven diese Befugniß auch noch Modificationen erhält, so wird doch vorneweg von den Boniteurs ein Urtheil verlangt, welches, wenn es begründet sein soll, erst das Endresultat des ganzen Abschätzungsgeschäfts sein kann.

Wie oberflächlich die ganze Klassifikation des Bodens ist, geht schon daraus hervor, daß nicht einmal für den Bruch- und Moorboden, der sehr oft zu den fruchtbarsten und einträglichsten gehört, und der in der Regel überhaupt keine Lehmbeimischung hat, eine besondere Klasse ausgesetzt ist; was um so nöthiger erscheint, da er zwar zum Winterkornbau nicht geeignet ist, aber mitunter desto reichere Ernten an Sommergetreide, Hackfrüchten und Futterkräutern gewährt.

Wir fragen, wie soll es möglich sein, diesen Moorboden (des Bruchbodens geschieht gar keine Erwähnung) wie gewöhnliches Ackerland nach seiner Grundbeschaffenheit zu boniren, da ihm oft die beiden einzigen Grundstoffe, Lehm und Sand, von welchen der Entwurf Kenntniß genommen hat, abgehen? Wir fragen ferner, wie es denkbar sei, die Ertragsfähigkeit des Bodens und aus dieser dessen Capitalswerth zu ermitteln, wenn für eine Sonderung der verschiedenen Bodenarten keine sie bezeichnenden Bestimmungen bestehen? Wo bleibt hier das Fundament des Gebäudes?

Bei der Klassifikation des Bodens darf man sich nie von der Wirklichkeit entfernen, sondern muß den Weg verfolgen, den die Natur selbst uns vorgezeichnet hat. Wenn wir diese befragen, so weiset sie uns auf drei Haupt-Bodenklassen hin:

1) den eigentlichen Marschboden,

2) den Höheboden und

3) den Bruch- und Moorboden.

Diese drei Hauptklassen zerfallen nun wieder in eine Menge Unterabtheilungen, welche wir näher zu bezeichnen versucht haben und, um hier den Gang der Untersuchung nicht zu unterbrechen, in der Anlage A mittheilen.

Im §. 22 wird gesagt, daß die Ertragsstufen nach den von den abzuschätzenden Grundstücken zu erwartenden Erträgen bestimmt werden sollen; allein ein Maaßstab zur Beurtheilung, welche Erträge zu erwarten sind, fehlt: — wodurch sollen denn die Taxatoren in den Stand versetzt werden, diese zu bestimmen, da sie die zu bonitirenden Aecker vielleicht nie vorher gesehen haben? Zwar wird in ebendiesem §. 22 gesagt, daß bei Bestimmung der Ertragsstufen besonders auf alle Bedingungen der Cultur, als: Abgrabung, tiefe Beackerung u. s. w. Rücksicht genommen werden solle. Eine solche Berücksichtigung ist allerdings nothwendig, denn wo diese Culturbedingungen fehlen, werden sich die zu hoffenden Erträge vermindern; allein sie können wiederum auch alle vorhanden sein, ohne daß die Erträge sich deshalb bedeutend vermehren.

Wenn wir den Ausdruck Ertragsstufen festhalten, so deutet dieser ganz besonders auf den Bodenreichthum, mithin auf den Humusgehalt in diesem hin; denn sein Einfluß auf den Reichthum der Ernten bleibt immer überwiegend. Da aber die Humussäure durch eine aussaugende Fruchtfolge sehr bald verzehrt werden kann, so wäre ja die Höhe der Taxe wieder von etwas Vergänglichem und Wandelbarem abhängig gemacht.

Inzwischen kann die Commission wohl nur die Absicht gehabt haben, durch die Ertragsstufen zugleich auch die Verschiedenheit der Grundmischung des Bodens mitausdrücken zu wollen; denn eben in den stark mit Alaunerde (Lehm) gemischten Ackergrundstücken zeigen sich die allergrößten Abstufungen, und zwar vom allerfruchtbarsten bis zum allerträgesten Boden: daher ist es eben in dieser Ackerklasse um so nöthiger, die verschiedenen Stufen der Grundmischung scharf zu bezeichnen und den vagen Begriff von Ertragsstufen aufzugeben. In der Anlage B theilen wir die Ertrags-Tabellen von Weizen und von Roggen mit, um dem Leser das oben Gesagte anschaulicher zu machen, und uns noch weiterhin auf diese beziehen zu können. Doch wir glauben, daß sich jeder Sachverständige davon wird überzeugen müssen, wie unzureichend die in dem neuen Entwurf vorgezeichneten Acker-Klassen sind, und wie bedenklich es sei, den Taxatoren einen so großen

Spielraum zuzugestehen, ohne ihnen irgend einen sicheren Leitfaden für ihr Urtheil zu geben.

Ebenso unvollkommen, ja wenn es möglich wäre noch unvollkommener, ist die Klassifikation der Wiesen.

Der §. 47 des Entwurfs beschäftigt sich mit dieser, und heißt wörtlich:

> Der Ertrag aus den Wiesen wird durch Bonitirung in Centner-Zahl (den Centner zu 100 Pfd. gerechnet) ermittelt, und zugleich das Heu seinem Futterwerth nach in drei Hauptklassen eingeschätzt.

Es gehört demnach:

a) Zur ersten Futterklasse dasjenige Heu, welches das nahrhafteste, kräftigste Schaffutter liefert.

b) Zur zweiten Futterklasse solches, welches Hermos-frei, unter der Benennung gewöhnliches gutes Kuhfutter bekannt ist.

c) Zur dritten Futterklasse das ganz grobe oder magere saure Heu.

Auf diese hier mitgetheilten wenigen Arten beschränkt sich die ganze Instruktion, die Klassifikation der Wiesen betreffend.

Um übersehen zu können, wohin eine so mangelhafte Klassifikation der Wiesen-Produktionen führen kann — besonders da, wo, wie in dem Entwurf geschieht, demnächst alles auf Roggenwerth reducirt wird — wollen wir uns zum §. 56 wenden, in welchem dies hinsichts sämmtlicher Futterwerthe geschieht.

Hier heißt es:

12 Pfd. Heu erster Futterklasse: Kleeheu, Wicken Luzerne, Spergel und Mengfutter, 17 Pfd. Heu zweiter Futterklasse und 25 Pfd. Heu dritter Futterklasse sind dem Werthe einer Metze Roggen gleich.

Wir können bei dieser Klassifikation nur wiederholen, daß sie so gut wie gar keine sei, und daß sie die Boniteurs zu den größten Irrthümern führen muß. In der ersten Klasse ist die vorzüglichste aller Heuarten, dieses schöne, aus verschiedenen Kräutern bestehende sogenannte Brinkheu und das an den Ufern der Ströme gewonnene nahrhafte Wiesenheu nicht aufgeführt.

Inzwischen läßt sich wohl annehmen, daß die Commission dieses vor allem mitgemeint haben müsse und nur die anderen Klee- und Futtergewächse deshalb namentlich aufgeführt hat, weil sie diese jenen gleichgestellt wissen will. Eine solche Gleichheit besteht aber keinesweges. Zwar möchte das Heu des weißen Klees und des Spergels den oben erwähnten beiden Heuklassen ziemlich gleichkommen, auch das der Lucerne, jung geschnitten, jenem nicht weit nachstehen; dagegen verliert das Wickheu, das des rothen Klees und besonders das Mengfutter, erstere beide mindestens 25 Proc. und letzteres 50 Proc. gegen dieses. Wenn man auch zugeben kann, daß die Blätter des rothen Klees und der Wicken, sowie die Ranken der letzteren denen des Brinkheus gleichkommen, so doch keinesweges die Stengel, die besonders ins Gewicht fallen; auch das Mengfutter ist dem Gewichte nach berechnet kaum dem Heu letzter Klasse gleichzustellen.

Wenden wir uns nun wieder der in §. 47 aufgestellten Klassifikation des Heus zu, so wird es ohne irgend einen Leitfaden ganz den Taxatoren überlassen, welches sie für gutes Schaf- oder Kuhheu erklären, oder in die Kategorie des groben magern Heus stellen wollen. Unvereinbarlich ist dies mit der Idee einer Taxe, die auf Principien beruhen soll; denn diese fehlen ganz. Ebensowenig wie bei dem Acker darf man sich bei der Klassifikation der Wiesen von den durch die Natur vorgeschriebenen Bahnen entfernen, will man nicht in Irrthümer gerathen. Bei der Würdigung des Werthes der Wiesen kommt vor Allem in Betracht die Güte und die Masse des Heus, welche sie liefern, und inwiefern sie von der Natur selbst gleichsam durch Ueberschwemmungen ihre Restauration für die abgegebenen Ernten erhalten, oder ob ihnen die verlorene Bodenkraft auf künstlichem Wege ersetzt werden müsse.

Zu der ersten Klasse gehören die niedrigen, an den Strömen belegenen Wiesen. Diese zerfallen aber ihrer natürlichen Beschaffenheit nach wieder in drei Unterabtheilungen:

a) in solche, die durch regelmäßige Ueberschwemmungen gedüngt werden;

b) in solche, die sich besonders durch einen fetten Untergrund unterscheiden, und wenigstens zuweilen der Ueberschwemmung ausgesetzt sind, und

c) in solche, die, trockener als die vorherigen belegen,

schon mehr der Aussaugung ausgesetzt sind, mithin ohne Düngung am Ertrage verlieren würden.

Diese drei Klassen werden in der Regel mit der gleichen Species von Gräsern bewachsen sein, allein in Hinsicht der intensiven Nahrungsfähigkeit und der zu erwartenden Masse bedeutend von einander abweichen.

Zur zweiten Klasse gehören die sogenannten Brinkwiesen, die gleichfalls in mindestens drei Abtheilungen zerfallen, und zwar:

a) in solche, die einen sehr reichen Untergrund haben, nicht zu trocken sind und vielleicht, wenn nicht in Hinsicht der Masse, doch in Hinsicht der Güte, das nahrhafteste Futter von allen gewähren;

b) in solche, die trockener gelegen sind und einen weniger fetten Untergrund haben, daher schon an Futterwerth gegen a verlieren, auch häufiger einer künstlichen Düngung bedürfen;

c) in feste, oft ganz trockene sandige Gründe, die durch künstliche Berieselung zu einem bedeutenden Ertrag gebracht werden können, jedoch an Nahrungsfähigkeit a und b nachstehen und der temporären Düngung bedürfen.

Zu der dritten Klasse, die auch wieder mehrere Unterabtheilungen bekommen muß, wenn ihre Abschätzung eine irgend richtige sein soll, gehören die Wiesen mit torfigem und moorigem Grunde, die ein sehr schlechtes Heu liefern, wenn ihre Oberfläche nicht durch Beackerung, Düngung oder Berieselung so verbessert wird, daß gute, gesunde Gräser diejenigen verdrängen, die der chemischen und physischen Beschaffenheit des Bodens nach die Natur selbst darauf hervorgebracht hat. Inzwischen ist es nicht allein die ungenügende Bezeichnung der Klassen, die wir im Punkt der Wiesen dem neuen Tarentwurf vorwerfen, auch nicht, daß Futterarten, wie Brink- und Stromwiesen-Heu, mit dem Mengfutter gleichgeschätzt werden, da sie doch in Hinsicht des Futterwerths so weit von einander abweichen: sondern daß die nöthige Düngung der Wiesen nicht beachtet ist; endlich, daß weder auf die Güte des Bodens noch auf die Species der darauf wachsenden Gräser und Kräuter Rücksicht genommen wird, welche einen so großen Einfluß auf die Nahrungsfähigkeit des Produkts haben.

Wir haben das Vertrauen, daß die landschaftliche Direction und jeder Landwirth sich mit uns davon überzeugen wird, daß, wenn überhaupt auf die Richtigkeit der Taxprincipien ein Werth gelegt werden soll, eine scharf bezeichnete Klassifikation des Ackers und der Wiesen ein ernstes Erforderniß dazu sei, und daß ohne diese der größten Willkür und Einseitigkeit Thür und Thor geöffnet bleibt.

Es würde uns zu weit führen, wenn wir die ferneren, hierauf bezüglichen Mängel des neuen Entwurfs einer genaueren Zergliederung unterziehen wollten; nur müssen wir noch darauf aufmerksam machen, daß in Hinsicht der Werthsbestimmungen des Heues, zwischen Heu erster Klasse, welches zu 12 Pfd. = einer Metze Roggen berechnet wird, und dritter

Klasse, von welchem 25 Pfd. einer Metze Roggen gleichkommen sollen, nur Eine Zwischenstufe besteht, während deren in der Wirklichkeit mindestens zwölf angenommen werden müßten, wenn die Taxe auf einige Genauigkeit Anspruch machen soll.

Fassen wir nun ferner die in der Anlage B mitgetheilten Ertragstabellen ins Auge, so stützen sie sich rein auf Vermuthungen, denn warum die dort angegebenen Durchschnittserträge und nicht andere die richtigen sind, ist und kann durch nichts erwiesen werden. Wollten wir sie einer Kritik unterziehen, so würde uns nur übrig bleiben, den subjektiven Annahmen der Commission die unsrigen entgegenzustellen, die vielleicht noch weniger zutreffen würden. Es liegt in der Unmöglichkeit, für eine ganze Provinz und für die verschiedenen Bodenarten die Körner- und Futter-Erträge für jetzt und für die Zukunft bestimmen zu wollen. Einige unserer ausgezeichnetsten Agronomen, namentlich der Herr v. Wulffen auf Pietzpuhl und der Herr v. Schlicht in Potsdam, verwenden einen großen Aufwand von Zeit und von Scharfsinn auf die Ermittelung der Erträge, die einer gegebenen Grundfläche nachhaltig abgewonnen werden können. Sie beginnen aber ihre sorgfältige Berechnung mit der Untersuchung, welche Roherträge in einer langen Reihe von Jahren einer gewissen Grundfläche abgewonnen sind, und untersuchen nun, inwiefern der Boden an Reichthum gewonnen oder verloren hat. Auf diese Weise allein kann man, obgleich auch immer nur in einzelnen Fällen, zu Resultaten kommen, und es beweiset auch dies, wie gewagt es ist, die Brutto-Erträge ohne solche Erfahrungen zu normiren.

Wenn wir nun die Ertragstabelle weiter verfolgen, so finden wir, daß auch die Stroherträge nach den Kornerträgen, sowie das Verhältniß des Gewichts des Strohs nach jedem, auf den verschiedenen Bodenklassen gewonnenen Scheffel Getreide berechnet wird, und zwar mit einem unbedeutenden Spielraum für die Boniteurs und Taratoren. Auf die Werthsbestimmung der zu tarirenden Grundstücke ist es aber nach dieser Schätzungsmethode von bedeutendem Einfluß, daß die Quantität des gewonnenen Strohs richtig ermittelt werde, da dieses zugleich Futtermasse und Düngungsstoff gewährt und nach Abzug von gewissen Procenten, nachdem es auf Roggen reducirt worden ist, den Reinerträgen zugerechnet wird. Die hier angegebenen Verhältnisse sind aber illusorisch und widersprechen der Erfahrung. Der Boden, der Untergrund, die Tiefe der Ackerkrume, die Witterung und die vorhergegangene Düngung oder Mergelung haben den größten und einen nicht in Zahlen nachzuweisenden Einfluß darauf; wie bedeutend letzterer zuweilen sein kann, wollen wir durch ein Beispiel anführen.

Auf Cummerow war hinter Rübsen Weizen gesäet, in der vorangegangenen Brache war eine gleiche Düngung erfolgt, allein ein Theil des Feldes war außerdem mit Kalk, der viel Gips und Stickstoff enthielt, befahren. Nach Raps folgte Weizen, und dieser stand um so viel üppiger, wo gekalkt war, daß dies Veranlassung gab, beide Flächen auszumessen und die darauf stehenden Stiege zu zählen, auch demnächst besonders dreschen zu lassen. Das Resultat war, daß in Hinsicht der Körner nur eine Verschiedenheit von 1 Scheffel pro Morgen bestand, während das Strohgewicht, da wo gekalkt war, das andere um das Dreifache überstieg. Selbst die Zeit der Bestellung wirft alle solche allgemeine Annahmen, wie sie sich in den Tabellen finden, über den Haufen. Wenn das Sommergetreide, namentlich Gerste und Hafer früh gesät werden, so giebt es in der Regel mehr Körner und weniger Stroh, und umgekehrt, bei später Bestellung wieder viel Stroh und weniger Körner. Das eben mitgetheilte Verhältniß wiederholt sich bei festem und sehr lockerem Boden, namentlich in Bruch-Grundstücken, wo stets viel, aber schlechteres Stroh und weniger Körner gebaut werden, während bei trockenem Boden ein umgekehrtes Verhältniß eintritt. Mit diesen und tausend anderen Erfahrungen im Widerspruch, wird in dem Entwurf der Strohertrag nach den Körnern bestimmt und den Boniteurs und Taxatoren zugemuthet, schon beim Bonitiren ein Urtheil über die Anwendung des Maximums oder Minimums zu fällen, obgleich zu der Zeit, wo diese erfolgt, in der Regel die Felder blos sein müssen.

Völlig unmöglich scheint es, unhaltbare Principien, wie die vorhergehenden und so viele andere, zur Basis einer Taxe zu machen, die selbst nur annähernd den Werth des Grund und Bodens ausdrücken soll. Die Commission wollen wir deshalb nicht anklagen; denn wenn Ertragstaxen für eine ganze Provinz, auf künftige Zeiten anwendbar, entworfen werden sollen, verlangt man das Unmögliche und versetzt sich in eine Fabelwelt, wo, wie es hier geschehen, nichts übrigbleibt als den Knoten zu zerhauen, der nie zu lösen ist.

Um nicht mißverstanden zu werden, müssen wir jedoch bemerken, daß wir es keinesweges für eine Fabel erklären, von einem einzelnen Gute eine Ertragstaxe aufzunehmen,— das Fabelhafte liegt vielmher nur darin, daß man allgemeine Normen hinstellen und nach diesen die künftigen Erträge schätzen will, da diese, wir können es nicht oft genug wiederholen, von den allerverschiedenartigsten, uns nur theilweise bekannten Einflüssen bestimmt werden. Unstreitig folgt die Natur gewissen festen Grundsätzen, allein wir kennen sie nicht, uns bleibt daher bis jetzt nur übrig uns an Erfahrungen zu halten; noch ist es viel zu früh, die tausendfältigen Combinationen, aus welchen das Endresultat einer Wirthschaft hervorgeht, in Zahlen ausdrücken zu wollen. Sollte es dereinst gelingen, eine einwurfsfreie Statik des Landbaus aufzustellen, sollte die Wissenschaft so vorschreiten, uns mit dem Einfluß der Atmosphäre, des Lichts, der Wärme und Electricität auf die Vegetation, sowie mit dem chemischen und mechanischen Proceß bekanntzumachen, welcher in den Pflanzen selbst stattfindet; gelangten wir mithin einst dahin, den fortdauernden Schöpfungsproceß der uns umgiebt zu erforschen: — erst dann wird die Landwirthschaft vielleicht (??) den empirischen Betrieb aufgeben können;

dann erst wird es an der Zeit sein, Principien zur Ermittelung der Bodenerträge aufzusuchen. —

Bisher haben wir uns mit dem Grund und Boden und dessen Klassifikation beschäftigt, welche deshalb das Fundament ist, weil von seiner Beschaffenheit die größere oder geringere Produktionsfähigkeit abhängig ist. Jetzt werden wir uns zunächst mit den Mitteln zu beschäftigen haben, wie der Boden-Reichthum zu erhalten oder, wo er noch fehlt, zu schaffen sei. — Wir können den Boden-Reichthum als ein Capital betrachten, von welchem wir alljährlich durch die Ernten einen Theil entnehmen, den wir ihm aber demnächst wiederersetzen müssen. Diese Restauration kann auf mannigfache Weise geschehen: einmal dadurch, daß wir den Boden mit Mineralien oder zersetzten Vegetabilien versehen, die ihm fehlen, wie unter andern mit Mergel, Gips, Moder, Gründüngung u. s. w.; oder mit animalischen Abgängen. Der thierische Dünger ist jedoch derjenige, welcher bis jetzt am wohlfeilsten ist, am kräftigsten wirkt, in der Wirthschaft selbst immer wiedergewonnen wird und in sich fast alle diejenigen Substanzen enthält, die zugleich auf die Ernährung der Pflanzen und Förderung der Thätigkeit einwirken.

Von dieser Ansicht ist auch die Commission ausgegangen, allein weil sie gefühlt hat, daß ihre Taxen für die Zukunft keine Bürgschaft gewährten, wenn die Restauration der dem Boden durch die entnommenen Ernten entzogene Kraft nicht gesichert werde, so hat dieselbe sich auf eine Berechnung des zu gewinnenden Düngerbedarfs selbst eingelassen.

Sie hat bei diesen Berechnungen den vermeintlichen Körnergewinn und den vermuthlichen Stroh- und Heugewinn als feststehend angenommen, aus der Masse der gewonnenen Produkte den Restaurationsbedarf an Dünger berechnet und zugleich versucht, aus dem Stroh- und Heugewinn die zu erwartende Düngermasse zu ermitteln.

Abgesehen nun davon, daß, wie wir oben nachgewiesen haben, die Commission eine durchaus unvollständige Klassifikation des Bodens und der Wiesen aufgestellt hat, die keinen sicheren Leitfaden darbieten; abgesehen ferner davon, daß es eine unzuverläßige Art der Ermittelung ist, aus dem Körnergewinn einen fixirten Strohgewinn berechnen zu wollen *), daß mithin die Basis zu jeder weiteren Berechnung fehlt: so sind, wenn wir dies auch ganz bei Seite setzen wollten, doch sowohl die Art der Ermittelung des Düngergewinns als die Berechnung des Düngerbedarfs, milde ausgedrückt, ungenügend, unpraktisch und auf unsichere Hypothesen gebaut.

Die Commission hat, wie schon erwähnt, geglaubt, den Düngerbedarf nach dem Körnerertrag, den die Tabelle B der Beilage nachweiset, berechnen zu dürfen und hat dabei die Versuche, welche der Herr von Thümen gemacht hat, wie viel

---

*) Der geringe Spielraum, den sie nach Tabelle B dabei gelassen, ist so gut als überhaupt keiner.

Pfunde Dünger erforderlich sind, um Eine Metze Roggen zu produciren, und manche einzelne Erfahrungen und Versuche anderer bedeutender Landwirthe zu Grunde gelegt, ohne zu erwägen, daß einzelne Versuche noch keine allgemeine Regel begründen. Diese Art der Ermittelung des Düngerbedarfs ist daher die unzuverläßigste, die es geben kann.

Erstens scheint es wieder rein fabelhaft, allgemeine Grundsätze aufstellen zu wollen und zwar für eine 60 Meilen lange Provinz. Der größere oder geringere Düngerbedarf, um dem Acker seine Tragbarkeit zu erhalten, ist abhängig:

a) von der chemischen Beschaffenheit des Bodens selbst, und inwiefern dieser, schon einen größeren oder geringeren Vorrath von solchen mineralischen Bestandtheilen hat, welche zum Wachsthum der Pflanzen nöthig sind, und von den Wurzeln derselben eingesogen werden können;

b) von dessen physischer Beschaffenheit und davon, inwiefern diese den Dünger im Boden erhält oder nicht.

(Der sandige und der zu mergelreiche Boden verzehren den Dünger, während im durchlässigen Boden die im Dünger enthaltenen flüchtigen Theile, durch die Sonne und durch das Eindringen der atmosphärischen Luft verflüchtigt oder auch, durch Regen aufgelöst, in die Tiefen geführt werden; ein solcher Boden bedarf daher mehr Dünger als der vorhergehende.)

c) Von der zu nassen und in Folge dessen sauren und kaltgründigen Beschaffenheit des Bodens.

In einem so beschaffenen Boden wird die Zersetzung, welche der animalische Dünger und die in ihm enthaltenen flüchtigen Theile in dem Boden bewirken sollen, gestört, und er bedarf daher mehr Dünger als der warme Boden, um jene Störung zu überwinden.

d) Von der eingeführten Fruchtfolge, die den allerentschiedensten Einfluß auf den größeren oder geringeren Düngerbedarf und auf die größere oder geringere Düngerproduktion hat.

Wenn es einen Gegenstand giebt, in welchem Theorie und Praxis sich im Einverständniß befinden, so ist es der, daß durch die Fruchtfolge verhütet werden müsse unmittelbar nach der Düngung, wie dies so häufig der Fall ist, solche Früchte anzubauen, die dem Boden die meiste Kraft nehmen und ihn sofort bis zur Erschöpfung zurückführen. Es ist allgemein anerkannt, daß der Klee- und der Grünfutterbau den Acker-Reichthum umsomehr erhalten, je besser sie gerathen und je dichter der Schatten ist, unter welchen sie den Boden bringen. Wenn nun diese schonenden Pflanzen auf dem noch kräftigen Acker angebaut werden, so geben sie einen weit größeren Ertrag und liefern mithin wieder mehr Stoff zur Düngerbereitung. Noch vortheilhafter ist es, den Boden mit weißem Klee besäet in voller Kraft zur Weide niederzulegen, weil je besser diese ist umsomehr Vieh sich darauf ernähren kann, und umsomehr Dünger auf selbigen niederfällt. Kann der Boden daher durch die Fruchtfolge den eben bezeichneten Gewächsen und der Weide bald nach erfolgter Düngung überwiesen werden, so wirkt dies sehr günstig auf die Förderung des Bodenreichthums.

Alle diese auf den größeren oder geringeren Düngerbedarf so wesentlich einwirkenden Verhältnisse, mithin diejenigen Punkte, die bei einer solchen Ermittelung vor Allem berücksichtigt werden sollten, sind in dem Entwurf ganz übergangen. Statt dessen wird in diesem mit unbedeutenden Modificationen der Düngerbedarf nach dem, von den veranschlagten Grundstücken zu erwartenden Körnergewinn berechnet.

Der §. 58 des Entwurfs liefert uns nun die Resultate des behufs der Normaldüngung angestellten Berechnung der Commission. Wir theilen ihn hier wörtlich mit, sowie die §§. 59 und 60.

§. 58. Dagegen wird, um diejenige Quantität Futter zu finden, welche der Viehhaltung behufs der Nachhaltigkeit der ermittetten Roh-Erträge überwiesen werden muß, eine anderweitige (Normal-) Düngung für alle verschiedenen Ertragsstufen und daraus zu entnehmende 3 Saaten in einem Dung-Erforderniß:

für	die	I.	Ackerklasse,	1.	Ertragsstufe	von	15,900	Pf.
„	„	I.	„	2.	„	„	15,000	„
„	„	I.	„	3.	„	„	14,100	„
„	„	I.	„	4.	„	„	11,700	„
„	„	I.	„	5.	„	„	7,800	„
„	„	II.	„	1.	„	„	16,200	„
„	„	II.	„	2.	„	„	14,700	„

für die	II.	Ackerklasse,	3.	Ertragsstufe	von	12,000	Pfd.
„ „	II.	„	4.	„	„	8,400	„
„ „	III.	„	1.	„	„	10,800	„
„ „	III.	„	2.	„	„	9,000	„
„ „	III.	„	3.	„	„	6,600	„
„ „	IV.	„	1.	„	„	6,900	„
„ „	IV.	„	2.	„	„	4,500	„

berechnet.

§. 59. Werden aus einer Düngung **weniger** als 3 Saaten genommen, so kommen für 2 Saaten $\frac{5}{6}$, für 1 Saat $\frac{3}{6}$ des vorstehenden Dung-Erfordernisses in Ansatz.

§. 60. Werden dagegen aus einer Düngung **mehr** als 3 Saaten genommen, so wird für die 4te Saat $\frac{1}{8}$, die 5te Saat und jede der folgenden $\frac{1}{12}$ des vorstehenden Dung-Erfordernisses in Rechnung gestellt.

Die in dem §. 58 aufgeführte Normal-Düngung kann mit vollem Rechte als eine antinormale bezeichnet werden; denn wenn man den beiden verschiedenen Bodenklassen berechneten Düngerbedarf umdrehen wollte, so würde er weniger unrichtig sein. Die Gründe für diese Behauptung liegen ganz nahe. Der leichtere Boden, wenn er tragbar bleiben soll, fordert öfters und im Durchschnitt gerechnet mehr Dünger, als der reichere und mehr wasserhaltige Boden, wie das schon oben nachgewiesen ist. Nach der Normal-Düngung soll aber der Boden 2. Klasse 16,200 Pfd. Dünger erhalten, und der

der 4. Klasse 4,500 Pfd., um den Kraftverlust einer dreijährigen Ernte zu ersetzen.

Angenommen daß 2250 Pfd. Dünger gleichsein sollen einem Fuder Dung, so würde mithin der Boden 4. Klasse nur 2 Fuder Dung bedürfen, um die durch drei Ernte-Jahre verlorene Bodenkraft wiederzugewinnen. Dies wird ungefähr dieselbe Wirkung haben, als wenn man einem ausgehungerten Menschen, statt ihm Brot zu geben, eine Predigt über die Tugend der Mäßigkeit vorlesen wollte.

Daß man selbst dem ganz leichten Boden die prachtvollsten Ernten abgewinnen kann, beweiset der Herr von Wulffen auf seinem Gute Pietzpuhl; aber er befolgt gewiß in Hinsicht des Düngers kein homöopathisches System. Selbst dem leichten Boden können in manchen Getreide-Gattungen ebenso reiche Ernten abgenöthigt werden als dem um mehrere Klassen höher stehenden Gerstboden, dennoch bleibt jener diesem im Werthe bedeutend nach; und warum? — weil er mehr Dünger fordert, weil die Düngerbeschaffung die bedeutendste Ausgabe beim Landwirthe ist, und weil, wenn auch beide Bodenarten in Hinsicht der Brutto-Erträge sich gleichkommen sollten, der leichte Boden dennoch einen weit geringeren Reinertrag ausliefern wird.

Wie ganz unhaltbar übrigens beiläufig gesagt diese ganze Aufstellung eines normalen Dungsystems ist, beweiset der Umstand, daß hier nach Pfunden Dünger gerechnet wird, ohne weder auf die Gattungen des Düngers und ihre verschiedene

Wirkung auf die Bodenarten Rücksicht zu nehmen, noch anzugeben, in welchem Stadium der Zersetzung der Dünger sich befinde, den die Commission in Gedanken gehabt hat. Jeder Landwirth weiß es, wieviel wirksamer der Dünger vom Mastochsen und von Rindvieh überhaupt im Vergleich zu dem Pferdedung ist; auch der Schafdünger übertrifft den Pferdedünger und Schweinedünger weit. Ebenso bekannt als dieses ist es, daß das Alter des Viehs und die Gattung des Futters, welches es erhält, ja selbst der körperliche Zustand, in welchem sich das Haupt-Vieh befindet, von Einfluß auf die Qualität und Quantität des Düngers ist. Wenn daher auch hierauf wieder keine Rücksicht genommen wird, so beweiset dies wohl, daß man gefühlt hat, es sei unmöglich, solche Berücksichtigung bei allgemeinen Taxprincipien eintreten zu lassen; hieraus folgt aber wiederum, wie aus so vielem Anderen, daß allgemeine Taxprincipien und eine so großartige Normirung, wie der Taxentwurf auf jeder Seite zeigt, zu keinem erwünschten Resultat führen können. Aber auch selbst der Maaßstab von 1 Pfd. Dünger ist keinesweges richtig bezeichnend. 1 Pfd gehörig zersetzten speckigen Schaf- oder Kuhdüngers und 1 Pfd. strohigen Pferdemistes sind sehr verschiedene Größen.

Doch wir wollen dies nicht weiter verfolgen: das Vorstehende genügt vollkommen um zu beweisen, wie schwierig es sei, überhaupt den Düngerbedarf eines Guts zu ermitteln; ein normales Düngersystem für ein ganzes Land und für Gegenwart und Zukunft aufzustellen, ist unmöglich. Nach allem bisher Gesagtem würde es überflüssig scheinen, auch nur noch ein weiteres Wort über die Art der Ermittelung des Düngers, sowie der neue Entwurf diese verlangt, zu verlieren, wenn wir nicht mit dieser Schrift außer dem Hauptzweck, nämlich der Verwerfung allgemeiner Ertragstaxen, noch einen zweiten verbänden, nämlich, auf die in dem Entwurf vorkommenden Hauptmängel aufmerksam zu machen, wenn wider Verhoffen dieser vielleicht dennoch mit Modifikation zu Special- oder Kreistaxen umgearbeitet werden sollte.

Der §. 63 lautet in Hinsicht der Düngerberechnung wörtlich wie folgt.

§. 63. Die Düngermasse wird gefunden, wenn man das Gewicht

des verfutterten Weizens,	
Roggens und der Erbsen mit	3,7
der Gerste und des Hafers mit	3,2
des Strohs mit	2,8
des Heus jeder Art, Weide auf	
Heu reducirt cfr. §. 64 mit	1,8

multiplicirt und dagegen das Gewicht

der Kartoffeln mit	1,3
der grünen Wicken mit	2,0
und des grünen Klees mit	2,6

dividirt, wobei noch zu bemerken ist, daß 3 Pfd. Stroh von den Oelfrüchten einem Pfunde Roggenstroh gleich zu rechnen sind; und

§. 64. Rücksichtlich des aus den Weiden gewonnenen Futters, wird als feststehend angenommen, daß eine Kuhweide im trockenen Zustande 2760 Pfd. Futter gewährt, welches Quantum mit 1,8 multiplicirt in Dung zu berechnen ist. Da jedoch jedenfalls ein Theil dieses Düngers auf der Weide verlorengeht, und daher nicht in seinem ganzen Betrage in Rechnung gestellt werden kann, so ist, nachdem die etwaigen Abzüge wegen der Rayons gemacht sind, cfr. §. 55, und dann das Ergebniß aus den Ackerweiden von demjenigen aus den Nebenweiden getrennt worden, ersteres mit der Hälfte und letzteres mit nur ⅜tel als wirklich vorhandene Düngermasse in Rechnung zu stellen.

Wir wollen uns hier mit drei ??? in Hinsicht der hier aufgestellten Normalsätze des aus den Körnern und dem Futter zu gewinnenden Düngers begnügen und nur darauf hinweisen, daß wenn sie auch an und für sich so festständen, wie hier auf dem Papier, sie schon deshalb allen Werth verlieren müßten, wenn nicht zugleich einem Normal-Haupt-Vieh die Bereitung des Düngers übertragen wird. Jeder Landwirth weiß es, und viele sorgfältig comparative Versuche haben es bestätiget, daß das dem Zuchtvieh verabreichte Futter verhältnißmäßig geringere thierische Abgänge liefere, als das dem ausgewachsenen gegebene, weil ein Theil des Nahrungsstoffes zum Wachsthum des jungen Thieres verbraucht wird. Dieselbe Verschiedenheit zeigt sich bei dem Zugvieh und bei dem Milchvieh; sowie der thierische Körper durch irgend etwas angestrengt wird, ersetzt die Nahrung die verlorene Kraft, und die thierischen Abgänge verringern sich an Volumen und Werth. Hieraus ergiebt sich mithin, wie völlig gehaltlos diese allgemeinen Fixirungen sind, und zu wie falschen Resultaten sie führen müssen.

Recht auffallend erscheint es aber, wenn im §. 62 gesagt wird, daß, wenn bei Abschätzung eines Guts ermittelt werden sollte, daß das Normaldungerforderniß nicht vorhanden sei, das fehlende durch Abzüge an Körnererträgen erfolgen solle.

Bei diesem Satz erlauben wir uns im Namen der etwa in Zukunft dabei Betheiligten den Wunsch auszudrücken, daß dann vorher erst ein richtigeres Normal-Dungsystem aufgestellt werden möge, als das in Rede stehende, und daß jedenfalls von dem Körnerabzug deshalb abstrahirt werde, weil dies wohl auf Förderung der Fleisch-, Butter- und Woll-Produktion Einfluß habe, aber schwerlich das Streumaterial ersetzen würde, wenn es vielleicht an diesem fehlen sollte. Es giebt für solche Fälle, wo ein zu angestrengtes Feldersystem eingeführt ist, so daß der Dünger nicht ausreicht, ein besseres Mittel, nämlich: den Werth des Guts nach einer Fruchtfolge zu berechnen, in welcher durch längere Ruhe und geringere Körner-Aussaat das Verhältniß zwischen dem Dungbedarf und dessen Produktion ausgeglichen werde.

Wenden wir uns nun zu dem Titel der Wirthschafts-ausgaben, so treffen wir sofort auf einen Punkt, den wir auf das entschiedenste bekämpfen müssen.

Um sich der unmöglichen Berechnung zu entziehen, wie viel die Düngergewinnung unter den in jeder Lokalität verschiedenen Verhältnissen kosten würde, hat die Commission für den Düngerbedarf und die Ausgaben der Viehhaltung von dem eingeernteten Stroh und Heu bedeutende Procente summarisch abgezogen, und will mit diesen durchweg die Ausgaben für Dunggewinn und die Kosten der Viehhaltung decken. Die hier aufgeführten §§. 66, 67 und 68 besagen das Nähere.

§. 66. Ergiebt sich aus der nach §. 62 vorgenommenen Vergleichung, daß überschießendes, zu der Normaldüngung nicht erforderliches Futter vorhanden ist, so kommt der verbleibende Ueberfluß nach Abzug einer Minderverwerthung

von 75 Proc. für Stroh und Ackererzeugnisse,

von 50 Proc. für Wiesenheu und

von 25 Proc. für Kartoffeln

bei der Berechnung des Ertrages aus dem Futter, zur Einnahme, ohne daß eine Ueberweisung zur Verfütterung mittelst Nutzvieh stattfindet, so daß mithin die Kosten des Nutzviehs, cfr. §§. 75, 78 und 87 bezüglich auf den quästionirten Ueberschuß ganz wegfallen.

§. 67. Vor der zur Deckung des Dungerfordernisses auf Roggenwerth berechneten Futtermasse cfr. §. 62 werden

1) auf Streustroh 7 Proc.,

2) das Futterkorn für die Pferde,

3) das Rauhfutter für dieselben, welches auf den Tag pro Pferd 5 Pfd. Heu 2ter Futterklasse und 8 Pfd. Stroh, folglich aufs ganze Jahr 18,2 Centner Heu 2ter Futterklasse und 29,2 Centner Stroh beträgt,

in Abzug gebracht, und ist mithin das, nach diesen Abzügen verbleibende Quantum als reines Nutzviehfutter anzusehen.

§. 68. Von diesem so gefundenen Nutzviehfutter kommen 25 Proc. als Minderverwerthung in Abzug und nur die verbleibenden 75 Proc. in Roggenwerth in Bruttoeinnahme.

Wir müssen den Leser daran erinnern, daß wir schon gleich zu Anfang mitgetheilt haben, daß die Commission nur die rohen Produkte veranschlage, nicht aber ihre Verwendung auf Fleisch, Milch und Wolle. In den vorhergehenden §§. werden nun die Abzüge normirt, um dann das Residuum demnächst der Wirthschaft als Einnahme gut zu schreiben.

Abgesehen von der reinen Willkür, die in der Bestimmung dieser Procentabzüge liegt, so verletzen sie wegen der Allgemeinheit ihrer Anwendung die Interessen aller der Grundbesitzer, die sich in Hinsicht des Absatzes der thierischen Produktion einer günstigen Lage erfreuen. Der Ertrag aus dem Viehstand der Provinz Pommern ist sehr ungleich: in manchen Theilen der Provinz bringt die Kuh durch Butter- und

Käsefabrikation 30 bis 50 Thlr. aufs Jahr ein, in anderen Theilen, besonders an der westpreußischen Grenze nur 6 bis 8 Thlr.; im erstern Falle bezahlt sich das dem Rindvieh gegebene Futter, und der Dünger wird nebenbei gewonnen: wozu dann noch diese Abzüge von respektive 75 bis 50 und 25 Proc. der rohen Produktion? In dem zweiten Fall reichen die gemachten Abzüge vielleicht kaum hin, um die Kosten zu decken. Wie ist es nun ohne sich Verletzungen zu erlauben möglich, so verschiedene Verhältnisse mit ein und demselben Maaße messen zu wollen? Es bestätigt sich somit von Position zu Position durch den ganzen Entwurf hindurch, daß allgemeine Ertragstaren völlig unanwendbar sind, und daß sie von Hause aus verworfen werden müssen.

Wenn wir uns nun noch einen Augenblick dem Ausgabe-Titel und den in dieser Beziehung von der Commission gemachten Anträgen zuwenden, so finden wir zwar, daß die Commission manche einzelne Rubriken mit Sachkenntniß sehr zweckmäßig behandelt hat; denn es spricht sich auch hier durchweg recht deutlich aus, daß, wo die Commission unpraktische Vorschläge macht, die Verfolgung eines unhaltbaren Systemes sie dazu verleitet habe.

So z. B. gehört die allgemeine Bestimmung, wieviel Zugpferde zur Bestellung einer gewissen Fläche der verschiedenen Bodenarten erforderlich sind, ganz in diese Kategorie; da wir aber den Gegenstand schon vorhin besprochen haben, so übergehen wir ihn hier. Die in dem Entwurf enthaltene

Annahme, daß nur durch Pferde die Bestellung des Ackers erfolge, und daß diese das ganze Jahr hindurch mit Körnern gefüttert werden müßten, daß mithin die viel wohlfeilere Bestellung mit Ochsen ganz ausgeschlossen werden soll, beruht auf einer reinen Willkür, vertheuert an vielen Orten die Ackerbestellung sehr bedeutend und trägt mit dazu bei, den Werth der Güter herunterzudrücken, um den Taxatoren die Rechnung zu erleichtern.

Doch wir glauben es uns sparen zu können, noch mehrere Beispiele der Unhaltbarkeit eines Systemes anzuführen, welches sich nur dadurch zu helfen vermag, alles zu normiren und zu generalisiren; wen das bisher darüber Gesagte nicht überzeugt, den geben wir auf und rufen mit den Aerzten aus: der schwarze Staar ist unheilbar.

Wenden wir uns nun an das Endresultat der Ermittelung der reinen Erträge, so spricht sich hier erst recht die Unhaltbarkeit des Entwurfs aus. Die Commission hat alle Werthe, welche bei der Taxe vorkamen, auf Roggen reducirt und geglaubt, dadurch einen sicherern Maaßstab zu erhalten, als wenn sie den allgemeinsten Maaßstab, welchen wir im Gelde haben, beibehielt.

Es kann sein, daß wenn von der Abschätzung einer Feldmark behufs einer Auseinandersetzung der Interessenten unter sich die Rede ist, wo es nicht auf den Geldwerth ankommt, dieser Maaßstab gut gewählt sei, allein es ist der allerunpassendste, wo es sich von allgemeinen Taxprinzipien behufs der Capitalsermittelung handelt und die allerverschiedenartigsten Gegenstände, die mit dem Roggen in keine Beziehung zu bringen sind — wie z. B. die Fische im Wasser und das Rohr an dessen Ufern, wie die Rehe in den Wäldern, und der Boden, auf welchem sie hüpfen — auf Roggenwerth reducirt werden. Es ist dieses Werthmaaß zu der in Rede stehenden Bestimmung um so unpassender, als jeder durchgreifende sichere Maaßstab der Werthsbestimmung fehlt. Das Geld ist doch wenigstens nach einem gewissen Münzfuß ausgeprägt, der Scheffel Roggen nicht, denn dieser Scheffel wechselt zwischen 82 bis 92 Pfd. an Gewicht, je nach dem Boden, auf welchem er gewachsen. Dazu kommt, daß alle diejenigen Sätze, nach welchen die anderen Kornarten sowie Heu, Stroh und dergleichen mehr auf Roggenwerth reducirt werden, auf ganz unsicheren Hypothesen beruhen und eben solche Veränderungen in ihrem Werth erleiden, wie der Roggen selbst. Die Commission führt als Entschuldigungsgrund an, daß sie diesen Maaßstab wegen des schwankenden Werths des Geldes gewählt habe, und doch hat sie sich genöthigt gesehen, am Schluß wieder auf den Geldwerth zurückzukommen. Aber selbst den Fall gedacht, daß Roggen, alles andere Getreide, Heu, Stroh, Rapssaat, Kartoffeln und sämmtliche Produkte des Bodens von der lieben Natur — welche sich sonst in der Einförmigkeit nicht gefällt — jedes für sich ein unveränderliches Gewicht und eine gleiche Nahrungsfähigkeit erhalten hätten, daß mithin alle nach ein und demselben Münzfuß ausgeprägt wären: so würde doch die Nahrungsfähigkeit mit Beziehung auf die Geldwerths-Ermittelung ein ganz unpassender Maaßstab sein; denn nicht die Nahrungsfähigkeit der Produkte, sondern die Gelegenheit zur Verwerthung der Produkte und der für diese unter der verschiedenen Lokalitäten zu erwartende Geldpreis entscheidet ganz allein. Diejenigen Gegenstände, die allgemeiner begehrt werden und die im Verhältniß zu ihrem Gewicht hoch im Preise stehen, tragen die Kosten eines entfernteren Marktes; wo ein umgekehrtes Verhältniß besteht, tragen sie diese nicht.

Der Markt des Weizens, des Rapses erstreckt sich sehr weit, denn beide Körnerarten tragen weite Transportkosten; der des Roggens erweitert und verengt sich nach dem Preise den er im Handel hat; die Kartoffeln, das Heu und Stroh dagegen tragen in der Regel nur die Landtransportkosten von höchstens einigen Meilen. Daher stehen diese da wo der Absatz fehlt, in der Regel sehr niedrig im Preise, und der Geldpreis ist mithin oft sehr weit von dem verschieden, welcher ihnen vermöge ihrer Nahrungsfähigkeit durch die Reduktion auf Roggenwerth beigelegt werden müßte. Uebrigens danken wir es der Commission, daß sie diese Reduktion auf Roggenwerth vorgeschlagen hat. Schon oft haben wir diesen Spuk in agronomischen Schriften umhergehen sehen, und es ist jedenfalls gut, daß der Gegenstand gründlich erörtert werde. Wir könnten hier noch einmal auf das Capitel von der niedrigen Annahme des Roggenwerths in dem Taxentwurf zurückkommen, da wir aber schon oben gezeigt haben, wie dadurch die ganze

Taxe ohne alle Motive um 38 Proc. heruntergesetzt wird, so spricht dies allein laut und auch verständlich genug.

Zum Schluß der Besprechung dieses Abschnitts unserer Schrift, wollen wir dem Leser noch die Resultate einer in dem Entwurf mitgetheilten Probetaxe von, in Fläche und Bonität ganz gleichen Gütern, als sprechenden Beweis mittheilen, wie verhältnißmäßig ungleich in Bezug auf ihren wirklichen Werth die Taxen nach dem neuen Entwurf ausfallen. Das Gut N. hat 800 Mgd. Morgen Acker, in der ersten und zweiten Abtheilung, 300 M. M. Grandboden, 125 M. Wiesen und 677 M. Weiden und Forst, in Summa 1892 Mgd. Morgen Grundfläche. Dem Werth derselben kommen noch hinzu die Abgaben der Bauern, die Pacht eines Vorwerks und einer Mühle, die Einnahme von 28 Mgd. Morgen Gärten, die einer Rohrwerbung, der Jagd, Fischerei, welche, zu einem jährlichen Ertrage von 689 Scheffeln Roggenwerth berechnet werden; was wieder auf Geld reducirt, nach Abzug sämmtlicher Real- und Communallasten, einen jährlichen Einnahme-Ueberschuß ergiebt, gleich 536 Scheffeln Roggen. Das Gut selbst mit allen Nebeneinnahmen ist geschätzt, wenn es im Anklamer Departement liegt, zu 30,661 Thlr. 17 Sgr. 8 Pf.

im Stargardter	= 30,141	= 7	= 7	=
im Treptower	= 29,881	= 13	= —	=
im Stolper	= 27,800	= 3	= —	=

mithin würde es im letzteren 2861 Thlr. geringer als im Anklamer taxirt werden, also noch nicht 10 Proc. niedriger;

während ein solches Gut bei Stettin belegen mindestens das Doppelte und Dreifache der Taxe,werth sein würde.

Welche Besorgniß die Commission selbst gegen die Richtigkeit der Taxe gehabt haben muß, spricht sich recht schlagend dadurch aus, daß, nachdem sie alle Produktion auf Roggenwerth reducirt hat, sie diesen 38 Proc. unter den 29jährigen Durchschnittspreis heruntersetzen, d. h. mit andern Worten, den Capitalswerth des Guts um $\frac{38}{100}$ verringern will. Da nach dem Entwurf nur 50 Proc. des Taxwerthes beliehen werden sollen, so hat dies den Erfolg, daß das Gut gegen den auf längere Durchschnittspreise des Roggens berechneten Werth nur mit 31 Proc. oder unter ein Drittheil beliehen werden würde. Von der Commission sind alle wirkliche Wirthschaftsausgaben, soviel selbige zu übersehen waren, nach ihrem vollen Werth berechnet, und läßt sich daher kein anderer Grund zu einer solchen Herunterdrückung des Werths denken, als daß sie selbst kein Vertrauen zu der Taxe hat und, um die Societät gegen einen möglichen Ausfall zu decken, zu dieser Verminderung der Taxe geschritten ist.

In den Ostsee-Blättern hat man uns die Frage gestellt, wodurch es feststehe, daß der 29- oder 30jährige Durchschnittspreis des Roggens derjenige sei, den man mit Sicherheit annehmen kann. Irgend einen Preis muß man nach dieser Taxmethode doch annehmen, und da alle statistischen Tabellen beweisen, daß die ersten Lebensbedürfnisse fortwährend im Steigen bleiben, so ist der Durchschnittspreis einer längern Reihe von Jahren wohl nicht als ein zu hoher anzunehmen. Inzwischen beweiset der vorliegende Streit erst recht, wie fehlerhaft es ist alle Werthe auf einen Vermittler, den Roggen zu reduciren, über welchen man sich nicht einmal einigen kann, welchen Preis man ihm beilegen soll.

Was die Veranschlagung der Weiden und Forsten betrifft, so übergehen wir diese hier ganz, sowie manche andere Einwendungen gegen die einzelnen Bestimmungen von untergeordnetem Interesse. Der Zweck dieser Kritik ist einzig und allein darauf gerichtet, zu beweisen, daß das System, nach allgemeinen Ertragstaxen für eine ganze Provinz den Geldwerth der Landgüter zu ermitteln, zu keinem richtigen Resultat führen kann, sondern sich auf lauter falsche und vermuthete Vordersätze stütze, daher gänzlich zu verwerfen sei; diesem Zweck zu genügen glauben wir das Unsrige gethan zu haben.

Sollte die Societät aber dennoch bei dem durch und durch fehlerhaften System der Ertragstaxen verbleiben wollen, so sind Specialtaxen in den einzelnen Kreisen die allein möglichen; inzwischen wird man auch bei diesen auf dieselben Mängel stoßen, die wir in den vorhergehenden Blättern gerügt haben, und man wird auf diesem Wege nie zu einem erwünschten Resultat kommen: daher kann es nicht dringend genug empfohlen werden, die unsichre Bahn der Hypothesen zu verlassen und sich an die Wirklichkeit, an Grundtaxen zu halten, welche wir in dem nächsten Abschnitt besprechen werden.

Ueber Grundtaxen, als die geeignetsten zu landschaftlichen Beleihungstaxen.

Schon vorhin ist erwähnt, daß wir den Ausdruck Grundtaxen nur beibehalten, weil er einmal im Gegensatz der Ertragstaxen gebräuchlich sei; denn in der That soll es sich von dem Capitalswerth handeln, den Grund und Boden und ganze Landgüter in gewissen Kreisen, in Folge der örtlichen Verhältnisse und des dort bestehenden Verkehrs, faktisch bekommen haben.

Rufen wir es uns ins Gedächtniß zurück, daß der Ertrag des Grund und Bodens von seiner chemischen und physischen Beschaffenheit, seinem Reichthum, der Art der Bewirthschaftung, der Intelligenz, der Thätigkeit und den Geldmitteln des Besitzers, von der Oertlichkeit und von einer Menge Verhältnisse abhängt, die alle, mit Ausnahme der chemischen und physischen Beschaffenheit sowie der Oertlichkeit, einem steten Wechsel unterworfen sind: so ergiebt es sich, daß der Werth eines Grundstücks einmal in den unveränderlichen Eigenschaften, die ihm ankleben, bestehe, und zum andern in denjenigen, welche die Verhältnisse und sein Besitzer durch Cultur ihm geben.

Bei einer Taxe behufs der Beleihung kommt es vor Allem darauf an, den wirklichen Werth des Grundstücks genau zu ermitteln. Die Grundtaxen fassen dies Ziel fest ins Auge, bei den Ertragstaxen soll dagegen erst aus der Bewirthschaftung und deren Produktionen der im Hintergrunde liegende

Capitalswerth ermittelt werden; wir treffen hier mithin die Klippe, an welcher diese Taxmethode scheitert.

Fragen wir den Theoretiker, so behauptet dieser, daß der Naturwerth des Grund und Bodens von Hause aus gleich Null sei, und er nur als das Objekt der Thätigkeit des Menschen einen Werth habe. Inzwischen ist das eine unrichtige Ansicht. Da wo eine geordnete Gesellschaft besteht, wo Personen und Eigenthum gesichert sind, wo es schon Verzehrer und einen vermittelnden Handel giebt, wo es an Capital und arbeitsuchenden Händen nicht fehlt: da hat Grund und Boden durch die Concurrenz einen positiven Werth bereits erhalten, welcher sich je nach dem Verhältniß, in welchem die Vorbedingungen vorhanden sind, steigert.

Diesen Werth nun auf dem kürzesten und sichersten Wege zu ermitteln, ist die Aufgabe, auf deren Lösung es ankommt. — Sicherer als auf halbwahre und halbfalsche Hypothesen gebaute künstliche Berechnungen, hat sich allenthalben, in Folge der in einem gewissen Kreise bestehenden allgemeinen und besonderen Zustände, gleichsam aus dem Leben selbst ein Preis des Grund und Bodens faktisch herausgestellt, der, weil er in der Wirklichkeit besteht, am geeignetsten ist um als Maaßstab des Werths bei Beleihungen zu dienen. Diesen Werth aufzufinden kann nicht schwerfallen. Einen gewissen Maaßstab dazu gewähren schon die in einem gewissen Zeitraum abgeschlossenen Verkäufe im Großen und im Kleinen, ferner die Pachtverträge, die von zuverläßigen Landwirthen glaubhaft geführten Gutsrechnungen; und wo alles dieses nicht ausreichen sollte, kann es nicht schwierig sein, durch Gutachten tüchtiger, mit den Verhältnissen vertrauter Landwirthe aus den Kreise selbst den Werth zu erfahren, den die Grundstücke dort haben.

Mit diesen verschiedenen Hülfsmitteln wird daher die landschaftliche Behörde leicht in den einzelnen Kreisen oder gewissen Arrondissements den Werth der verschiedenen Klassen im Acker, in Wiesen, Weiden und Forsten ermitteln. Doch wir wollen uns nicht bei der Vorrede aufhalten, sondern versuchen, in kurzem Umriß das Princip und das bei der Ermittelung zu beobachtende Verfahren aufzustellen.

Da die landschaftliche Association einen Verband bildet, der sich über die ganze Provinz erstreckt, da eine wechselseitige Garantie besteht, und da in der Vereinigung der einzelnen Theile zu einem Ganzen die Kraft (der Credit) liegt, so muß die Einheit erhalten werden: sowohl die Einheit im Princip wie die Einheit in der Verwaltung und Oberaufsicht. Da die Landschaft ferner eine Association ist, die sich auf Gegenseitigkeit stützt, so setzt dies gleiche Rechte wie gleiche Pflichten, gleiche Gefahr wie gleichen Vortheil voraus. Hieraus folgt ferner, daß Jeder ein Recht habe zu verlangen, daß seine Grundstücke, mit welchen er dem Verbande beitritt, richtig und jedenfalls nicht niedriger abgeschätzt werden, als das seiner Mitsocien. Eine Gleichförmigkeit in der Werthsermittelung ist aber dann zu erzielen, wenn in die Taxe die, in Folge der oft so sehr von einander abweichenden Oertlichkeit, sich faktisch herausgebildeten, wirklich bestehenden Preise des Grund und Bodens als maaßgebend aufgenommen werden.

Um nun die vorstehenden Grundbestimmungen auf eine verständige Weise in Anwendung zu bringen, ist es nöthig allem demjenigen, was seinem Wesen nach eine gleiche Behandlung bei der Abschätzung erlaubt, diese zukommen zu lassen; wo dies dagegen nicht der Fall ist[1], d. h. also, wo eine nicht unter dasselbe Formular zu bringende Verschiedenheit der Verhältnisse besteht, die besondere Ermittelung derselben zu bewirken und nicht, wie dies bei den Ertragstaren der Fall ist, willkürliche Bestimmung eintreten zu lassen.

Da das bei den Abschätzungen zu beobachtende formelle Verfahren wohl bei allen Tarmethoden sich gleichbleiben muß, so glauben wir dies hier ganz übergehen können; hinsichts der Abschätzung selbst werden die nachfolgenden Bestimmungen nach dem oben ausgesprochenen Grundsatz eine allgemeine Anwendung auf alle abzuschätzenden Grundstücke erhalten müssen; diese sind:

1) eine richtige Klassiifikation der verschiedenen Ackerklässen, nach der von uns in der Anlage A mitgetheilten Tabelle, oder mit solchen Modifikationen, deren sie nach genauer Prüfung etwa bedürfen würden;

2) eine sach- und naturgemäßere Klassifikation der Wiesen, der Weiden, der Forstgrundstücke als sie der Entwurf enthält; namentlich eine Eintheilung in mehr Unterabthei-

lungen, besonders bei den Wiesen, um die zu großen Sprünge in den Werthsstufen zu vermeiden, da die Natur uns solche Sprünge nicht zeigt;

3) die Beibehaltung des von der Commission sehr zweckmäßig gemachten Vorschlags, daß bei ganzen Landgütern das Vorhandensein der nöthigen Wirthschaftsgebäude vorausgesetzt wird, und wenn diese nicht gefunden werden, die Baukosten vom Capital abgezogen werden (bei der Taxe einzelner Parcellen, wenn diese aufgenommen werden sollen, fällt diese Bestimmung fort);

4) die Beibehaltung der ebenfalls sehr passenden Vorschläge der Commission, alle Fabrikanlagen, als Brauereien Brennereien, Ziegeleien, Kalköfen u. s. w. zwar in der Taxe aufzuführen, aber nicht zu der Beleihungssumme zuzurechnen. Die auf Naturkräften beruhenden Anlagen, z. B. Mühlen, dagegen in die Taxe aufzunehmen;

5) die Annahme der in dem neuern Entwurf enthaltenen Bestimmungen, daß für die weitere Entfernung vom Bestellungsort, für die mangelhafte Entwässernng der dieser bedürfenden Grundstücke eine Verminderung des Werths eintreten solle (die speciellen Vorschläge des Entwurfs der Commission bedürfen jedoch noch wesentlicher Modifikationen);

6) die Beibehaltung der von der Commission vorgeschlagenen Zurechnung der baaren und Natural-Einnahme aus ver-

schiedenen Titeln zu der Guts-Einnahme und die Capitalisirung nach dem Zinsfuß von 4 Proc., jedoch

7) nach geschehener Abrechnung der Staats-, Communal- und sonstigen Reallasten, mit der Bestimmung, daß, wenn die Einnahme ad 6. die Kosten nicht decke, diese Deckung durch eine Capitalsverminderung nach demselben Zinsfuß erfolge;

8) die Befugniß der landschaftlichen Direktion sowie der Generallandschaft, die in den einzelnen Kreisen aufzunehmende Tabelle über den Werth der verschiedenen Aecker, Wiesen und Weideklassen sowie der Forstgründe zu controliren und dafür zu sorgen, daß nicht in den einzelnen Kreisen höhere Werthe als die wirklichen den Grundstücken beigelegt, noch nach anderen als den vorgeschriebenen Grundsätzen verfahren werde.

Wenden wir uns nun zu der Hauptsache, der Ermittelung des Grundwerths der verschiedenen Bodenklassen, so erscheint es der vollständigen Controle wegen und um den Spielraum der Taratoren und Boniteurs in die möglichst engsten Grenzen zu bannen nöthig, in den verschiedenen Kreisen der Provinz die Werthverhältnisse durch dazu geignete Commissionen festsetzen zu lassen.

Von der Aufnahme der Kreis-Controlregister.

Unter Leitung des Landschafts-Raths und des Landschafts-Deputirten, mit Zuziehung zweier, von den Rittergutsbesitzern die die Kreisassociation bilden gewählten, Deputirten, zweier mit den Verhältnissen der Gegend ganz vertrauten, von der Landschafts-Behörde zu bestimmenden Sachverständigen und zweier Kreis-Boniteurs bildet sich eine Commission, die die Aufgabe hat, die Werthsermittelung auf nachfolgende Weise vorzunehmen. Ihr erstes Geschäft würde darin bestehen, sich davon in Kenntniß zu setzen, welche Klassen nach der von der Landschaft angenommenen Klassifikation sich im Acker, in den Wiesen, in den Weiden und Forstgründen im Kreise vorfinden. Wenn die Commission so zusammengesetzt ist, wie wir dies verlangen, und da bereits von der Mehrzahl der Güter Bonitirungs-Protokolle, sowohl von der Landschaft als von der General-Commission aufgenommen, vorliegen, so kann eine solche Festsetzung wohl sehr bald erfolgen, da bei der Bekanntschaft der Commissarien mit den im Kreise vorhandenen Bodenklassen unter Benutzung der Bonitirungs-Register keine örtliche Besichtigung nöthig sein wird, und höchstens wenn einzelne Ausnahmen behauptet werden sollten, diese in Augenschein zu nehmen sein würden. Nach einer solchen Feststellung der Klassen würde die Commission zur Ermittelung des Hauptpunktes übergehen, nämlich: welcher Werth den verschiedenen Grundstücken beizulegen sei. Als Einleitung könnte man sich zuvörderst von den bisher im Kreise erfolgten Verkäufen sowohl im Großen als im Kleinen unterrichten, ferner von den Pachtverträgen aller Art, Zeitpachten, Erbverpachtungen u. s. w., endlich auch davon, was Güter, die sorgfältig bewirthschaftet worden sind, in einer Reihe von Jahren an Reinertrag gebracht haben (es versteht sich, daß durch eine genaue Buchführung die Nachweisung vollständig erfolgt wäre).

Sollte nun die Commission, die aus acht zuverlässigen, mit den Verhältnissen ganz vertrauten Personen besteht, sich mit den aus den obigen Untersuchungen hervorgegangenen Resultaten nach ihrer Sachkenntniß und gewissenhaften Ueberzeugung nicht einverstanden erklären können: so wird es ihr doch niemals schwerfallen, ein motivertes Gutachten darüber abzugeben, inwiefern sie die Resultate für zu hoch oder zu niedrig halte, und welche Werthe sie als die für diesen Kreis feststehenden substituiren zu müssen glaube.

Bei dieser ihrer Werthsermittelung wird die Commission sowohl beim Acker als bei den Wiesen und Weiden von dem Gesichtspunkt ausgehen müssen, daß sie in dem nächsten Rayon, also innerhalb 200 oder 300 Ruthen vom Bestellungsorte liegen, daß die Grundstücke — in Hinsicht ihrer physischen Lage, des vorhandenen Untergrundes, der Entwässerung, sowie in allen ähnlichen Beziehungen — sich in der günstigsten Lage befinden, damit demnächst die Werthsverminderung, nach den in den allgemeinen Principien festgesetzten Abzügen da erfolgen könne, wo diese Bedingungen nicht in Erfüllung gehen.

Schwieriger und weit complicirter ist die Grundwerthsfeststellung der Forstgrundstücke.

Hierbei wird es zuerst darauf ankommen, ob der Boden:

von einer Beschaffenheit ist, um überhaupt auch als Ackerland benutzt werden zu können oder nicht. Der reine Flügsand, mit Kiefern schlecht bestanden, hat gar keinen Werth, und ebensowenig die ganz steilen, einer Bestellung nicht fähigen Bergwände.

Alle andere Forstgrundstücke würden nach ihrer Bonität zwar abzuschätzen sein, inzwischen ihnen bei weitem nicht der Werth beigelegt werden können, den die cultivirten Aecker und Wiesen von gleicher Beschaffenheit haben. Da überdem keine Verkäufe von Forstgrundstücken, wie bei den Aeckern und Wiesen, maaßgebend sein können, weil ihr präsumtiver Kaufwerth von dem darauf stehenden Holz bedingt gewesen ist, so muß zu ihrer Werthbestimmung ein anderer Modus gewählt werden.

Zwar wird man einwenden können, die Forsten müßten ganz von der Taxe ausgeschlossen bleiben. Hierin würde aber eine doppelte Verletzung des Princips liegen. Die Forstbesitzer sind mit diesen für die Sicherheit der ausgegebenen Pfandbriefe verhaftet, und können daher ohne entscheidende Gründe nicht ausgeschlossen werden. Eine zweite Verletzung des Princips würde ferner darin liegen, daß hier von Grundtaren die Rede ist, und daß mithin kein Grund und Boden ausgeschlossen werden kann, wenn nicht unübersteigliche Hindernisse sich der Aufnahme widersetzen.

Solche würden nun darin zu suchen sein, wenn entweder eine richtige Werthsermittelung nicht möglich sei, oder die

Societät mit Verlust bedrohen würde. Ersteres ist aber nicht der Fall und letzteres kann vermieden werden. Daß Forstgrundstücke da, wo Grund und Boden überhaupt einen Werth hat, kein werthloses Objekt bilden, ist außer Zweifel, es würde dagegen aber eine Fixirung des Werths nach der Bonität des Bodens ohne Berücksichtigung der Verhältnisse die Sicherheit gefährden.

Bei den Forstgrundstücken treten ganz eigenthümliche Verhältnisse ein:

Zuerst fragt es sich, ob sie mit Servituten belastet sind oder nicht, ob mithin dem Besitzer eine freie Disposition zusteht oder nicht;

zweitens, ob überhaupt in der Gegend Nachfrage nach Acker und Wiesen stattfindet, oder ob die Bevölkerung so dünn ist, daß die Nachfrage fehlt, das Grundstück mithin nur zur Holzcultur benutzt werden kann;

drittens, wenn dies der Fall, ob Holz überhaupt verkäuflich sei, und welchen Preis es habe;

viertens, wie dicht der Wald bewachsen sei, und wie hoch sich die Kosten der Urbarmachung belaufen würden;

fünftens, welchen Flächenraum das Grundstück hat, und wie nahe oder fern es von Städten oder Dörfern entlegen ist, in welchen ein Bedürfniß nach Acker und Wiesen besteht.

Außer dem eben Bezeichneten lassen sich noch eine Menge Verhältnisse denken, die zu der Ueberzeugung führen, daß es unmöglich sei den Werth der Forsten anders als mit Berücksichtigung der Verhältnisse, unter welchen sie stehen, zu bestimmen, und daß es Forstgrundstücke von gleicher Grundbeschaffenheit geben kann, die, ohne das darauf stehende Holz in Anspruch zu nehmen, 50 Thlr. pro Morgen und andere, die nur 5 Thlr. werth sind. Es ergiebt sich mithin hieraus, daß die Commission sich nur darauf wird einlassen können, die Bedingungen anzugeben, unter welchen überhaupt in ihrem Kreise Forstgrundstücke werthgeschätzt werden sollen, und die Principien, nach welchen dies demnächst der Abschätzungscommission überlassen werden kann.

Sobald nun die Commission ihre Arbeiten vollendet hat, was unmöglich viel Zeit rauben und, beiläufig gesagt, in allen Kreisen der Provinz gleichzeitig erfolgen kann, hat sie die Resultate ihrer Untersuchung den landschaftlichen Kreisversammlungen zur Erklärung vorzulegen, mithin der Controle aller zunächst dabei betheiligten Interessenten, und sie dann zur weiteren Prüfung an die Verwaltungsbehörden und zur definitiven Zustimmung an den Generallandtag und an den Königlichen Commissarius abzugeben.

Daß eine solche Controle eine vollständige sei, wird Niemand in Abrede stellen können; aber sie ist es umsomehr, da es sich hier nicht um verwickelte, unbekannte Hypothesen handelt, sondern um einen Gegenstand (nämlich, welchen Werth Grund und Boden in einer gewissen Oertlichkeit hat), der allen dabei Befragten genau bekannt ist, und ihnen zunächst vor Augen liegt.

Wenn nun die von den einzelnen Kreiscommissionen vorgeschlagenen Werthsbestimmungen genehmigt zurückgekehrt sind, dann würde nun in Hinsicht der etwa verlangten Taraufnahme nachstehendes sehr einfaches Verfahren zu befolgen sein.

Es verfügte sich die mit der Aufnahme beauftragte landschaftliche Behörde an Ort und Stelle, um alle die allgemeinen Verhältnisse des Guts, als die Berichtigung der Grenze, die darauf haftenden Lasten u. s. w. zu erforschen, und veranlaßt, nachdem dies geschehen, unter Zuziehung von zwei Boniteurs die Bonitirung, sowie demnächst die Vermessung der verschiedenen Klassen. Sobald diese Vorarbeiten erfolgt sind, schreitet sie nun unter Zuziehung von zwei umsichtigen, mit den Verhältnissen der Gegend vertrauten Landwirthen zur Bestimmung der Klassen und des Grundwerths nach dem Controlregister des Kreises. Gleichzeitig würden die Taratoren zu bestimmen haben, ob und welche Abzüge wegen der vorhandenen den Werth vermindernden Verhältnisse von den einzelnen Grundstücken, etwa wegen größerer Entfernung vom Bestellungsort, nicht zureichender Entwässerung u. s. w., gemacht werden sollen. Fände es sich, daß bei diesen Abschätzungen nicht eine Majorität von 3 Stimmen gegen 1 bestände, mithin die Stimmen gleich wären, so steht die Entscheidung der landschaftlichen Commission zu. Wäre demnächst von den Sachverständigen die instruktionsmäßige Abschätzung der Forsten (über welche hier uns weiter als in Andeutungen auszubreiten der Raum fehlt) erfolgt, so bleibt zur Beendigung des Abschätzungsgeschäfts nur übrig, daß die landschaftliche Commission die weiteren Gutseinnahmen und Ausgaben nach den oben angedeuteten allgemeinen, für die ganze Provinz gültigen Principien in Rechnung brächte, und so den definitiven Capitalswerth des Guts feststellte. Welche großen Vorzüge eine auf diese Weise aufgenommene Grundtaxe vor jeder Ertragstaxe hat, welche Gleichförmigkeit dadurch in die Taxen gebracht, und welche Bürgschaft sie in Hinsicht der Vertretung gewähren würden, kann dem aufmerksamen Leser wohl kaum entgangen sein. Wir werden uns daher nur noch auf einige Bemerkungen beschränken dürfen.

1) Bei allen auf allgemeinen Ertragstaxen beruhenden Capitalswerth-Ermittelungen von Landgütern ist nie vorher zu beurtheilen, wohin diese führen und welche Ausfälle dereinst entstehen können. Daher hat die alte pommersche Taxe sich durch so niedrige Preise des Getreides und der Viehnutzung zu schützen gesucht, wodurch es dahin gekommen ist, daß manche Landgüter nur zu ein Drittel und ein Halb, andere wieder zu ihrem vollen Werth geschätzt wurden. Der neuere Entwurf, dessen Endresultat in der Anwendung nicht zu übersehen ist, hat sich, wie wir gezeigt haben, ebenfalls durch nicht zu rechtfertigende Herabsetzung der Erträge sicherzustellen gesucht; ja alle Ertragstaxen werden mehr oder weniger dasselbe thun müssen, und dadurch die Ungleichheit der Taxen und

die Entwerthung der Güter zum großen Nachtheil der Gutsbesitzer an der Tagesordnung bleiben. Die Grundtaxen dagegen halten sich an die Wirklichkeit. Wenn die Taxen, da sie gleichsam den Durchschnittswerth angeben, auch nie sehr hoch kommen werden, so sind sie wenigstens gleichmäßig und von Jedermann zu übersehen. Was der Mgd. Morgen Acker und Wiese von dieser und jener Beschaffenheit kostet, weiß Jedermann, und da man den Werth eines solchen Guts übersehen kann, so steigt dieser in der öffentlichen Meinung auch ohne neue Taxe, wenn die Conjuncturen sich für Grund und Boden günstiger stellen, — wie wir das Beispiel in Mecklenburg sehen.

2) Während in dem neueren Entwurf den Bonitteurs und den landschaftlichen Taxcommissionen ein übermäßiger Spielraum gelassen ist, beschränkt sich derselbe bei den Grundtaxen rein auf die Angabe der Klassen, und noch dazu unter Controle zweier Sachverständiger aus der nächsten Umgegend.

Nach dem neuern Entwurf hängt das Resultat der Taxe im Wesentlichsten von der individuellen Ansicht der Taxatoren, von ihrer Intelligenz und Gewissenhaftigkeit ab, und zwar ohne allen sicheren Leitfaden, wie wir gezeigt haben. Ja, was das Schlimmste ist, sie entscheiden, indem sie nicht allein bonitiren, sondern auch die Ertragsstufen angeben, über einen Gegenstand, den sie nicht kennen, und dessen Folgen ihnen in dem Augenblick, wo sie das Urtheil fällen, gar nicht klar vorschweben.

Bei den von uns vorgeschlagenen Grundtaren fallen alle die Vorwürfe gänzlich fort.

3) Es ist bekannt, daß viele Gutsbesitzer, denen es in diesem Augenblicke noththut, von dem landschaftlichen Credit Gebrauch zu machen, über die Mängel des neuen Entwurfs gern fortgehen möchten, weil jede Verzögerung für sie verderblich werden kann. Daß aber die landschaftlichen Behörden den Entwurf bevorworten und ein künftiger General-Landtag ihn annehmen sollte, halten wir für unmöglich. Durch eine auf vieljährige Beschäftigung mit dem Gegenstande gestützte Erfahrung sprechen wir die Ueberzeugung aus, daß wenn man auch die jetzt gerügten Mängel zu mildern suchen wollte, man immer wieder auf neue stoßen wird, weil das Grundprincip ein falsches ist; ja wenn die Sache nicht übers Knie gebrochen werden soll, so wird die Taxangelegenheit sich unter solchen Umständen nach zwei Jahren noch auf demselben Punkte befinden, auf welchem sie jetzt steht. Wenn dagegen der vorgeschlagene Plan zu Grundtaxen, durch die Kritik von allen Seiten her noch etwa geläutert, angenommen werden sollte, wie wir dies unsern Landsleuten dringend empfehlen, so kann derselbe in sehr kurzer Zeit seiner Verwirklichung zugeführt werden.

4) Man wendet ein, es könne durch schlechte Wirthschaft, unglückliche Conjuncturen und andere Zufälle ein Gut so herunterkommen, daß die Landschaft dabei Ausfälle erlitte. Bei den nach dem neuen Entwurf zugelegten Ertragstaren ist dies

deshalb allerdings zu besorgen, weil die Landgüter in den ungünstig belegenen Theilen der Provinz verhältnißmäßig viel zu hoch geschätzt werden, und weil jede Calamität diese zuerst ergreift und hülfloser läßt als die anderen. Bei den Grundtaxen ist dies, wenn nur die Hälfte des Werths beliehen wird, nicht zu besorgen, da in der so sorgfältig angeordneten Ermittelung des Taxwerthes keine Ueberschätzung vorkommen kann, ja sie ist um so weniger zu befürchten, weil eben durch diese Kreistaxen die Grundstücke nach ihrem faktischen Werth geschätzt und die Vortheile und Nachtheile der Oertlichkeit, mithin diejenigen Punkte, die so wesentlich auf den Geldpreis der Landgüter wirken, gewürdigt sind.

So nöthig es erscheint zweckmäßige Vorkehrungen zu treffen, die die Societät vor Verlusten schützen und den Credit befestigen, so darf dies doch nicht bis zum Exceß ausarten.

Wenn man es zuweilen ausspricht, daß möglicherweise, wenn das Land von Feinden oder durch Revolution zerstört würde, die Güter auch unter den halben Werth sinken könnten, so ist dies eine Möglichkeit, die keine Berücksichtigung verdient. Wenn in der Möglichkeit des Eintritts von Zuständen, in welchen alle gesetzlichen Bande aufhören und die Gewalt regiert, eine Veranlassung gefunden werden sollte, die Gründung nützlicher Institutionen zu unterlassen, so würde man dies für Schwachköpfigkeit erklären müssen.

Wir können diese Besprechung unmöglich schließen, ohne

noch ein Vorurtheil zu bekämpfen, in welchem oft Regierungen und auch Private sich befangen zeigen, um so weniger da es vielleicht auch jetzt wieder auftauchen wird, nämlich: „Schulden machen und überhaupt Schulden haben sei ein Unglück.“

Den Einzelnen wird es freilich angenehm sein, keine Schulden zu haben, aber wir fassen hier den höheren staatsökonomischen Gesichtspunkt auf.

Ob es überhaupt, aus diesem Gesichtspunkt betrachtet, wünschenswerth sein kann, wenn sich die Vermögen zu sehr concentriren, ist entschieden zu verneinen. Die Folgen einer Anhäufung des Vermögens zeigen sich stets auf der einen Seite in einem übertriebenen Luxus, auf der anderen in der beklagenswerthesten Armuth, welche stets Hand in Hand gehen. Verständige Staats- und Finanzmänner müssen daher im Allgemeinen eine mehr gleichmäßige Vertheilung des Vermögens zu fördern suchen.

Was nun speciell die Verschuldung der Grundbesitzer betrifft, die man ganz besonders für einen Uebelstand hält, so liegt hierin ein unrichtiges Urtheil, besonders wenn von Landestheilen die Rede ist, in welchen die Cultur des Bodens wegen Mangel an Betriebscapital so weit zurückgeblieben ist, wie im Osten der Monarchie.

Eine irgend bedeutende Verschuldung des Grund und Bodens wird nur dann für ihre Besitzer verderblich, und gefährdet die allgemeinen Interessen, wenn der Credit nicht durch Institutionen gegen die augenblicklichen Schwankungen des Geldmarktes gesichert bleibt, und die Grundbesitzer daher dem Wucher preisgegeben werden, der erst den Besitzer selbst und mit ihm das Gut, und dann alles was diesem anklebt zu Grunde richtet. Wo dagegen der Credit gehörig geregelt ist, der Grundbesitzer Capital gegen billige Zinsen und ohne Sorge, wegen der Rückzahlung gedrängt zu werden, aufnehmen kann: da ist das Schuldenmachen im speciellen wie im Landesinteresse gleich vortheilhaft und wünschenswerth. Ein solches Schuldenmachen bei einer nützlichen Verwendung ist der Wirklichkeit nach die allerwirksamste Schuldentilgung. Der Gutsbesitzer nimmt in einem solchen Falle zu 3½ und 4 Proc. Capital auf, verwendet es zu 10 und 15 Proc. in der Substanz des Guts, und hat dadurch sein Vermögen um das Capital der gewonnenen Erträge vermehrt.

Capitalsvermehrungen dieser Art erhöhen zugleich den Nationalreichthum, und es ist ganz besonders der preußischen Regierung zu empfehlen, den materiellen Interessen überhaupt und den der Grundbesitzer insbesondere ihre Sorgfalt zu schenken, da dies selbst in politischer Beziehung für sie von Wichtigkeit ist.

Preußen befindet sich in dem ersten Stadium einer ständischen Verfassung, und wenn auf der einen Seite der Ultra-Radicalismus und der Communismus immer mehr Boden gewinnen, so kann die Regierung das Gegengewicht gegen diese nur in der Förderung der materiellen Interessen der

Grundbesitzer und in der Rückwirkung davon auf die große Masse der ländlichen Bevölkerung finden.

Doch wir wollen diese flüchtige Bemerkungen nicht weiter ausführen und diesen Theil unsers Buchs damit schließen, nicht nur den Pommern, den Preußen und Schlesiern ein zweckmäßigeres Taxwesen als das bisher angewandte anzuempfehlen, sondern auch den Rittergutsbesitzern von Sachsen, die sich eben mit der Errichtung einer Creditinstitution beschäftigen, den Rath zu ertheilen, dem Systeme der Grundtaxen ihre ganze Aufmerksamkeit zu schenken.

Bemerkungen

über einige wichtige Veränderungen in dem landschaftlichen Reglement.

Es kann nicht die Absicht sein, hier den Leser mit den Statuten der pommerschen Landschaft und dem Verwaltungs-Organismus dieser Behörde bekanntzumachen, ebensowenig auf eine Kritik der Abänderungen einzugehen, welche von der Commission beantragt worden sind; sondern der Zweck der nachfolgenden Besprechung beschränkt sich darauf:

erstens, auf die Reform einzelner Punkte des Reglements aufmerksam zu machen, aus deren Annahme nicht allein den Gliedern der Association wesentliche Vortheile erwachsen, sondern auch den Gläubigern selbst: — Reformen, die um so nöthiger erscheinen, weil sie einen entschiedenen Einfluß auf die Erreichung der landschaftlichen Zwecke haben würden;

zweitens, auf die Nothwendigkeit einer allgemeineren Verbreitung der landschaftlichen Institution hinzuweisen, damit sie ihrer höheren Bestimmung gemäß dem Realcredit überhaupt eine feste Basis gebe, und damit die Nachtheile entfernt werden, die den Einzelnen wie die Allgemeinheit treffen, wenn der Grundbesitz ganz den Schwankungen des veränderlichen Geldmarkts ausgesetzt bleibt.

Zu erstens verdienen nachfolgende vier Punkte hervorgehoben zu werden:

a) Von Seiten der Institution allerhöchsten Orts darauf anzutragen, von der getroffenen Bestimmung abzustehen, durch welche die Pfandbriefs-Schuldner verpflichtet werden, ½ Proc. Zinsen zur Amortisation der Pfandbriefe zu verwenden;

b) dann die früher bestandenen Bestimmungen wieder in Kraft treten zu lassen, wonach diejenigen, welche Pfandbriefe abtragen wollten, nur der Departements-Direction Pfandbriefe von gleichen Apoints zur Löschung zu übergeben brauchten, und diese befugt wäre, den Umtausch derselben gegen solche, die auf dem Gute des Abtragers eingetragen waren, zu bewirken;

c) für die Zukunft Jedem, der Pfand- oder richtiger Rentebriefe aufzunehmen beabsichtigt, zu erlauben, nach einer Wahl 3½ oder 4 Proc. tragende Rentebriefe auszugeben;

d) nachdem die früheren Pfandbriefe von Seiten der Inhaber unkündbar geworden sind, mithin die Natur einer Rente angenommen haben, sie nun auch für perpetuirliche Renten, d. h. für solche zu erklären, die von beiden Theilen keiner weiteren Kündigung unterliegen, und sie als solche in den Hypothekenbüchern einzutragen.

Zu a. Es ist wohl keinem Zweifel unterworfen, daß die

Verwaltung sowohl als mancher Einzelne sich in dem Gedanken gefallen, durch einen Tilgungsfonds auf die Verminderung der Verschuldung der Rittergüter einwirken zu können, und hierin einen Gewinn zu erblicken glauben.

Inzwischen ist es klar zu beweisen, daß Beides auf einer Täuschung beruht.

Sollte die Ansammlung eines halben Procents jährlich zu einer Schuldentilgung nach zwei Jahrhunderten führen, so hätte gleichzeitig nicht nur das landschaftliche Institut geschlossen, sondern jede weitere hypothekarische Verschuldung verboten werden müssen.

Hierdurch würde aber nicht allein der Zweck der landschaftlichen Credit-Institutionen vernichtet werden, sondern es wäre dies eine der härtesten, alle Rechtsverhältnisse verletzenden Maaßregeln, welche die Gutsbesitzer selbst zuerst zu Grunde richten würde.

Wo gleiche Erbtheilung besteht und wo die Wirthschaft nicht mehr durch Frohndienste, sondern mit baarem Gelde betrieben wird, da bedarf der Grundbesitzer einer Gelegenheit, Schulden machen zu können. So lange nun aber die Verschuldung nicht verboten ist und verboten werden kann, da wird mit der einen Hand amortisirt, mit der andern wieder aufgeborgt, — nur mit dem einzigen Unterschiede, daß eine 3½ Proc. Zinsen tragende Schuld getilgt und eine 5procentige aufgenommen wird.

Wollte man etwa anführen, die Regierung habe diese

Amortisation von ½ Proc. als einen Ersatz für die den Gläubigern entzogene Kündigungsbefugniß angeordnet, so würde hierin der Vorwurf einer sehr beschränkten financiellen Einsicht liegen. Abgesehen davon, daß zu der Zeit, als diese Bestimmung getroffen ward, die Pfandbriefe über pari standen, und die Regierung wohl keine Ahnung davon haben konnte, daß durch den späteren Bau der Eisenbahnen eine so große Geldcalamität herbeigeführt werden würde: so war diese angeordnete Amortisation durch Auslosung der Pfandbriefe den Inhabern doch auch sehr unangenehm.

Der Pfandbriefs-Inhaber hatte damals seinen Pfandbrief vielleicht mit Aufgeld bezahlt und mußte ihn nun mit Verlust wider Willen herausgeben, und selbst wenn dies nicht der Fall war, so hatte er das Papier gekauft, um es im Besitz zu behalten, war aber nun gezwungen, das Capital dafür in Empfang zu nehmen und sich Pfandbriefe wiederzukaufen, was mit Umständen und Kosten verbunden war. Nicht zu leugnen ist es daher, daß diese Verlosung sowie die der Staatsschuldscheine nicht als eine den Besitzern zugedachte Begünstigung betrachtet werden kann, und daß ebensowenig hierdurch die Pupillenbehörden und milden Stiftungen zum Ankauf derselben aufgefordert wurden.

Daß jetzt momentan die Pfandbriefe unter pari stehen und daher ein kleiner Gewinn denen erwächst, welche das Loos trifft, ihren Pfandbrief nach dem Nominalwerth ausgezahlt zu erhalten, kann wohl keinen Entscheidungsgrund abgeben; denn sowie die Geldconjunctur eine andere wird, wendet sich das Blatt; unmöglich können aber organische Institutionen auf ein Börsenspiel berechnet werden.

Zu b. Sowie wir eben verlangt haben, daß zum Nutzen der Pfandbriefsschuldner ihnen nicht eine ganz zwecklose Amortisation weiter zugemuthet werden soll, so verlangen wir hiermit im Interesse der Pfandbriefsinhaber die Herstellung der früheren Bestimmung, daß es, wie von jeher Rechtens war, wieder erlaubt werde, durch Pfandbriefe Pfandbriefe zu tilgen.

Nach den neueren Bestimmungen muß der Gutsbesitzer, der seine Pfandbriefe ablösen will, zwei Monate vor Johannis oder Weihnachten es der Landschaft anzeigen und zugleich 5 Proc. des Capitals als Pfand bestellen. Geschieht dies 2 Monate vor Johannis, so kündigt dann die Landschaft die Pfandbriefe zu Weihnachten; und da diese nicht immer prompt eingesandt werden und die Löschung sich auch sehr verzögert, so dauert es in der Regel ein volles Jahr, bevor die Stelle im Hypothekenbuch frei wird. Nun fragen wir, wer sich wohl unter so erschwerenden Umständen dazu entschließen wird, Pfandbriefe abzulösen? und enthalten solche Bestimmungen nicht ein indirektes Verbot der Schuldabtragung, die man doch zu fördern vorgiebt? Wenn sich zwar einst der Geldmarkt ändern und die Pfandbriefe wieder über pari kommen sollten, dann möchte sich eher ein Reiz zur Kündigung finden; aber dann leidet wieder der Pfandbriefsinhaber darunter, was sehr unbillig erscheint. Diese Maaßregel also, wenn sie in der Absicht gegeben sein sollte, dem Pfandbriefsinhaber einen Vortheil zuzuwenden, ist eine ganz verfehlte, denn sie nützt ihm nie und kann ihm nur Schaden bringen. Ganz anders verhält es sich, wenn der Umtausch der Pfandbriefe wieder nachgegeben wird.

Indem die Regierung früher ihre Zustimmung dazu gab, die Kündigungsbefugniß der Pfandbriefe aufzuheben, lag es im allgemeinen Interesse, möglichst dafür zu sorgen, daß die Pfandbriefe auf der Börse nicht zu tief heruntergingen. Das zu bewirken giebt es nur ein sicheres Mittel, nämlich, die Käufer dahin zu verweisen.

Dies geschieht aber nur, wenn es wieder freigestellt wird, mit Pfandbriefen diese tilgen zu können. Es giebt immer eine bedeutende Zahl Grundbesitzer, die disponibles Capital haben und die, wenn die Pfandbriefe weichen, dann als Käufer auftreten würden; woraus folgt, daß in dem Maaße mehr, als das Angebot der Pfandbriefe häufiger wird, auch die natürlichen Käufer auf dem Markt erscheinen und dem Sinken derselben eine Grenze setzen. Daß übrigens die Inhaber der Pfandbriefe durch den Umtausch nichts verlieren, ist unzweifelhaft; denn auf welchem Gut ihr Pfandbrief zur Sicherheit der Landschaft eingetragen steht, kann ihnen höchst gleichgültig sein: die Zinsen werden nicht von dem Besitzer des Guts, sondern von der Association durch ihre Verwaltungsbehörde bezahlt, und auch diese ist ihnen verhaftet.

Zu c. Die hier geforderte Erlaubniß, daß es den Rittergutsbesitzern freistehen soll, je nach ihrer Convenienz $3\frac{1}{2}$ oder 4procentige Rentebriefe auszugeben, gehört wieder zu den Maaßregeln, die beiden Theilen nützlich sind und Niemand Schaden bringen, höchstens der Verwaltungsbehörde einige Bemühungen verursachen, die sie, da es das allgemeine Beste fördert, nicht verdrießen werden.

Es unterliegt keinem Zweifel, daß in Zeiten einer allgemeinen Geldcalamität, wie die jetzigen, ein dringendes Bedürfniß besteht, durch Aufnehmen von Pfandbriefen den gemachten Kündigungen zu begegnen.

Allein man braucht nur sehr wenig mit dem Börsenverkehr bekannt zu sein, um einzusehen, daß, wenn bedeutende Massen von Pfandbriefen auf die Börse gebracht werden sollten, die nur $3\frac{1}{2}$ Proc. Zinsen tragen, die Pfandbriefe so im Cours heruntergehen müßten, daß die Gutsbesitzer den ihnen daraus erwachsenden Capitalsverlust nicht zu tragen im Stande wären, mithin in dieser Zeit der Noth die Hülfe der Landschaft entbehren würden, während diese zugleich ihre eigentliche Bestimmung verfehlte.

Wollte man erwiedern, daß, wie wir soeben nachgewiesen haben, durch die Erlaubniß zum Umtausch der Pfandbriefe die Concurrenz auf dem Fondsmarkt verstärkt werden, mithin eine solche Besorgniß unbegründet sein würde: so müssen wir bemerken, daß durch die Concurrenz der Käufer, welche Pfandbriefe zurückzahlen wollen, wohl dem nicht bedeutenden Andrang

Derjenigen, die gewöhnlich Pfandbriefe verkaufen wollen, begegnet werden könnte, aber keinesweges ein so groſses Zuströmen, als in Folge bedeutender neuer Bewilligungen entstehen könnte.

Inzwischen liegt die Erlaubniſs, 4procentige Pfandbriefe auszugeben, auch im Interesse der Inhaber 3½procentiger, weil dadurch dem Werfen des Courses dieses Papiers vorgebeugt und ihnen der Capitalsverlust erspart wird, welchen sie erleiden würden, wenn sie durch Verhältnisse zum Verkauf gezwungen werden sollten. Der Vortheil, welcher aus der Ausgabe 4procentiger Pfandbriefe entspringen würde, findet sich fernerweitig darin, daſs die Rittergutsbesitzer, statt bei Ausgabe 3½procentiger Pfandbriefe Capital zu verlieren, diese dann wie früher noch mit Agio ausgeben würden; denn die 4procentigen werden immer 10 bis 11 Proc. höher im Course stehen, als die 3½ procentigen. Jedoch würde dies nur dann der Fall sein können, wenn man das System perpetuirlicher Renten einführte, über welches wir gleich sprechen werden. Wir wollen hier nur noch darauf aufmerksam machen, wie die Ausgabe derselben den Pupillenbehörden und milden Stiftungen eine willkommene Gelegenheit gewährt, die ihrer Disposition anvertrauten Capitalien sicher und gegen angemessene Zinsen auf Grund und Boden anzulegen.

Zu d. Durch die Unkündbarkeit der Pfandbriefe haben diese, wie bereits erwähnt, die Natur einer ablöslichen Rente bekommen. Der Inhaber eines Pfandbriefs kann nicht mehr wie früher das Capital, welches in dem Land-Hypothekenbuch zur Sicherheit des Pfandbriefs eingetragen steht, fordern, sondern nur die Rente, während der Schuldner berechtigt ist, diese nach dem Zinsfuß von 3½ Proc. abzulösen.

Eine sich oft wiederholende Erfahrung bestätiget den Satz, daß es nie nützt, oft schadet, den Dingen einen anderen Namen als den beizulegen, der ihre eigentliche Bedeutung ausdrückt. Wir halten es daher auch für zweckmäßig, die Veränderung, die in dem Wesen dieses Papiers vorgegangen ist, auch durch den Namen auszudrücken und es statt Pfand- — Rentebrief zu benennen, aber auch die jetzt nichts mehr bedeutende Capitalsverschreibuug zugleich mit löschen zu lassen.

Zwar wendet man hiergegen ein, daß wenn auch der Inhaber der Rente nicht befugt sei, das Capital zurückzufordern, doch noch der Landschaft dies zustehe. Inzwischen liegt hierin nichts mehr, als eine leere Förmlichkeit. Die Landschaft hat, so lange der Gutsbesitzer die Rente zahlt, auch nur diese zu fordern; wenn er dagegen seine Verpflichtungen nicht erfüllt, so steht der Landschaft das Recht zu, das Gut zu sequestriren und nöthigenfalls zu subhastiren, und in einem solchen Falle bestimmt das Reglement die Ablösung der Rente nach dem Zinssatz von 3½ Proc.

Was übrigens die Löschung des Capitals betrifft, so gewährt diese wesentliche Vortheile, indem sie, wie wir zeigen werden, abgesehen von manchen andern Annehmlichkeiten, die

Zeit und Kosten spart, die durch die Eintragung und Abschreibung verursacht werden.

Um diese Umwandlung in Renten für beide Theile, Schuldner und Gläubiger, noch nützlicher zu machen, wie sich hierzu die Gelegenheit darbietet, müssen sie den Charakter der perpetuirlichen Renten annehmen.

Die Befugniß, die Renten von Seiten der Schuldner noch fernerweitig ablösen zu können, giebt diesen die Macht in die Hände, in Zeiten wo die Capitalien einst wieder reichlich vorhanden sein werden, die einmal begonnene Zinsreduktion zu erneuern; und wenn diese auch wirklich nie erfolgen sollte, so genügt schon die Möglichkeit, daß sie eintreten könne, um den Cours der Rentenbriefe herunterzudrücken und das Papier im Publicum unbeliebt zu machen. Einen solchen Zustand kann aber kein Staatsökonom und kein Finanzier billigen, ja, wir möchten sagen, keine Regierung dulden.

Die materielle Wohlfahrt Aller fordert es gebieterisch, daß der Credit und ganz besonders der Realcredit eine möglichst feste, unerschütterliche Grundlage erhalte, denn jede Unsicherheit in den Verhältnissen erzeugt Sorge und Mißtrauen. Es scheint daher sehr empfehlenswerth, in dieser Beziehung alles zu entfernen was Besorgnisse erregt; Zeitverhältnisse wie die jetzigen sind am geeignetsten zu Anordnungen dieser Art. Nicht dringend genug kann es daher empfohlen werden, die hier gemachten Vorschläge zu beherzigen.

Wenden wir uns nun zurück zu der beantragten Renteneintragung, so scheint es am zweckmäßigsten zu sein, diese bei jedem Gute auf den Namen der Generallandschaft zu stellen. Wir wollen der Kürze wegen durch ein Beispiel die Sache versinnlichen.

Angenommen, es ständen jetzt auf dem Gute N 50,000 Thlr. Pfandbriefe in mehreren Posten eingetragen, so würden diese gelöscht und an deren Stelle 1750 Thlr. auf den Namen der Landschaft als eine von beiden Seiten unkündbare Rente eingetragen.

Gesetzt nun, der Besitzer des Guts N beabsichtigte demnächst 250 Thlr. Renten abzuführen, so überreichte er der Landschaft Rentenbriefe von gleicher Höhe, worauf diese ganz einfach bei der Hypothekenbehörde auf Abschreibung dieses Betrages antrüge und zugleich erklärte, daß der dadurch freigewordene Locus zur Disposition des Besitzers des Guts N gestellt sei.

Ein ähnliches Verfahren würde eintreten, wenn das Gut N neue Rentenbriefe verlangte. Vorausgesetzt, daß er auf den Grund der Taxe diese noch aufnehmen könnte, so überreichte er der Landschaft die voreingetragene Obligation quittirt, und die Landschaft übergäbe diese der Hypothekenbehörde mit dem Antrage zur Löschung und gleichzeitigen Eintragung der entsprechenden Rente.

Zu zweitens. Wir haben in der Einleitung dieser Schrift, wo wir uns über die Zwecke der landschaftlichen Credit-Associationen ausgesprochen haben, darauf hingewiesen, daß diese ihre Wirksamkeit nicht darauf beschränken sollten, den Rittergutsbesitzern einen gesicherten Credit u. s. w. zu verschaffen, sondern daß sie auch berufen und ganz geeignet wären, den Realcredit im Allgemeinen gegen die Schwankungen des so beweglichen Geldmarkts zu schützen, und dadurch dem Lande unendlich nützlich werden könnten. Nur aus dem Uebermaaß der Geschäfte, welche unsere Staatsmänner erdrücken, läßt es sich erklären, daß die obersten Behörden in dieser Beziehung nicht schon längst in einer für die Grund- und Hausbesitzer so höchst wichtigen Angelegenheit die Initiative ergriffen haben.

Bei der Richtung, die seit dem letzten Frieden die Capitalien genommen haben, und bei der Solidarität, in welche sich die europäischen Geldmärkte durch den Handel besonders mit Staatspapieren und neuerdings durch Eisenbahnactien versetzt haben — wo gleich jede Geld- und Handelskrise auf irgend einer der großen Börsen die anderen mit afficirt — ist es dringendes Bedürfniß geworden, den Realcredit möglichst unabhängig zu machen, weil die Erschütterungen desselben den Nationalreichthum bedrohen und das Stammvermögen selbst angreifen.

In der bisherigen mangelhaften Organisation der Landschaften, und insbesondere wegen der höchst fehlerhaften landschaftlichen Taxen, durch welche die Güter entwerthet und der Credit der Grundbesitzer geschwächt ward, liegt der Grund, daß selbst nur ein Theil der Ritter-Gutsbesitzer den Pfandbriefscredit benutzt hat. Allein, wenn den Uebelständen, die in der Taxe und dem Reglement liegen, auch abgeholfen wird, und sämmtliche Rittergutsbesitzer nun den landschaftlichen Credit benutzen wollten, so würde dies doch keinesweges zur Befestigung des Realcredits führen. Um diesen Zweck zu erreichen, muß diese Institution eine Verbreitung über alle Grundbesitzer, die ihrer bedürfen, erhalten und ihr zur Seite eine städtische Association der Hausbesitzer gegründet werden, die nach dem Vorbilde der Landschaft die jetzt auf die Häuser eingetragenen kündbaren Schulden in unkündbare Papiere auf den Inhaber — soweit es die Sicherheit gestattet — verwandelt, die neben der Specialsicherheit der Häuser sich auch der subsidiarischen Garantie der Corporation und der Regierung erfreuen.

Es ist kaum zu begreifen, wie in Preußen, einem Staate, wo einer allgemeinen Annahme nach die Intelligenz ein Gemeingut Aller geworden sein soll, Einrichtungen, die so dringend durch die Zeitumstände geboten werden, wie die Regelung des Realcredits, bisher nicht ausgeführt, sondern alle darauf gerichtete Anträge als Projekte zurückgewiesen wurden.

Obgleich wir uns seit 31 Jahren des tiefsten Friedens erfreuen, so hat dieser doch keine Einrichtung geboren, welche irgend dahinzielte die Sicherung des in Grund und Boden und in den Häusern angelegten Capitals zu bewirken. Mit der größten Gleichgültigkeit liest man seit einer Reihe von Jahren in jedem Intelligenz- und in jedem Amtsblatte die Liste der zur Subhastation stehenden Häuser und kleineren Grundstücke. Mit derselben Gleichgültigkeit scheint man sich daran zu gewöhnen, daß jetzt oft auf die besten Hypotheken, selbst zum höchsten gesetzlichen Zinsfuß keine Capitalien zu finden sind, wenn sich der Suchende nicht zur Zahlung der wucherhaftesten Provisionen bereit finden läßt.

Niemand kann es verkennen, wie durch alles dieses so viele Einzelne mit ihren Familien zu Grunde gerichtet und das Nationalvermögen vermindert werde: trotzdem geschieht nichts um zu helfen. Unstreitig wäre es die Sache der Regierung, mit allem Ernst darauf zu bringen, daß die Pfandbriefs-Institutionen sich von den Mängeln befreiten, die jetzt ihre Wirksamkeit schwächen, und die Rittergutsbesitzer aufzufordern, im eignen wie im Interesse der Gesammtheit auch die Bauer- und anderen Güter in die Landschaft aufzunehmen. Ebenso unzweifelhaft ist es die Aufgabe der Regierung, städtische Pfandbriefsassociationen auf alle Weise zu fördern und selbst keine Opfer zu scheuen, um sie ins Leben zu rufen.

Allein von alle dem geschieht nichts. Wir müssen uns daher zunächst an die Rittergutsbesitzer von Pommern selbst, an die dortige Landschaft und an den Oberpräsidenten der Provinz, der als Königlicher Commissarius bei der Landschaft das Präsidium führt, wenden und diese auffordern: wegen Aufnahme aller Grundbesitzungen, von einem gewissen Umfange und ohne Rücksicht auf ihre Eigenschaft als Rittergüter, Anträge zu bilden, und dadurch allen anderen Landschaften ein Beispiel zu geben. Wir müssen uns an die

Stadtverordneten der Städte wenden und sie daran erinnern, daß sie die Vertreter der materiellen Interessen der Bürgerschaft sind. Besonders richten wir diese Worte an die allenthalben neuentstehenden Bürgervereine, welche doch keinen wichtigeren Gegenstand für ihre Discussion finden können, als sich mit den Mitteln zu beschäftigen, wie sie sich wechselseitig den Besitz ihres Vermögens sichern könnnen.

Wer in der Welt wünscht, sich des göttlichen Segens zu erfreuen, der thue das Seine um ihn zu verdienen, und statt sich träger Indolenz, gleich den Mohamedanern oder chinesischen Mandarinen, zu ergeben, so gebrauche er die von Gott ihm verliehenen Gaben: zu sehen, zu hören und die Zukunft vorzubereiten.

B. C.

Beilage A.

Bei Entwerfung eines Systemes zur Klassifikation des Bodens scheint es rathsam, sie so viel wie möglich der bis jetzt üblichen, nach den Bodenarten nämlich, anzureihen, ohne jedoch den Fingerzeig, den wir von der Natur erhalten haben, unbeachtet zu lassen.

Letztere zeigt uns nun drei Hauptabtheilungen:

erstens den eigentlichen Marschboden;

zweitens den Höhe-Boden;

drittens den Bruch- und Moor-Boden.

Wenn wir nun zur Bezeichnung der verschiedenen Boden-Arten und der Unter-Abtheilungen übergehen, welche sich wesentlich durch ihre chemische und physische Beschaffenheit unterscheiden und in Folge dessen einen größern oder mindern Werth haben, so finden wir etwa folgende:

1. Weizen-Boden

Erster Klasse.

a) Zu dieser gehört derjenige humusreiche Thonboden, der dem Wasser einst abgewonnen, eine so große Bodenkraft besitzt, daß er überhaupt keiner oder nur seltener Düngung bedarf, dabei besonders in der ersten Zeit des Frühjahrs sich leicht bestellen läßt.

Dieser Boden ist der natürliche Raps- und Weizen-Boden, trägt aber auch fast alle Kornfrüchte mit gleicher Ueppigkeit (den Roggen etwa ausgenommen), desgleichen Kohl, Kartoffeln und so weiter.

b) Ferner gehört hierher der feinkörnige, weniger humusreiche Marschboden, welcher zwar überaus reiche Ernten bringt, aber auch bei ungünstiger Witterung oft Mißernten erfährt, und bei nasser Herbstzeit nicht bestellt werden kann. Er fordert großen Aufwand in der Bestellung und trägt nicht alle Früchte, was bei seiner Schätzung berücksichtigt werden muß. In der Regel gedeihen auf ihm nur Raps, Weizen, graue Erbsen, Bohnen (diese aber in großer Ueppigkeit); Hackfrüchte u.s.w. dagegen schlecht.

Er zerfällt noch wieder in zwei verschiedene Klassen, in die innerhalb und außerhalb der Teiche belegenen. Ersterer ist den Ueberschwemmungen ausgesetzt, die ihn oft düngen, aber auch versanden können.

c) Ein gleichfalls sehr humusreicher Boden, mit Kalk-Unterlagen, der sich von a durch letztere und durch eine geringere Boden-Kraft unterscheidet; er ist leichter als der unter b angeführte zu bearbeiten, zeigt besonders viele Triebkraft im Frühjahr und ist manchen Unfällen, besonders dem Frost ausgesetzt; er bringt in der Regel sehr reiche Ernten, nur der Roggen geräth auf ihm nicht.

Zweiter Klasse.

a) Feinkörniger oder gewöhnlicher Thonboden mit soviel Humus (etwa 4 Procent), daß seine Bestellung nicht zu schwer fällt. Dies ist der Boden, den man auf der Höhe gewöhnlich als Weizen-Boden erster Klasse bezeichnet.

b) Thonboden von gleicher Qualität, aber ärmer an Humus, sonst mit den zum Gedeihen der Pflanzen nöthigen Mineralien versehen; er bedarf eines großen Aufwandes in der Bestellung und schon einer stärkern Düngung als der vorige.

c) Grobkörniger Thonboden mit mehr Eisenoxyd als die vorhergehenden Bodenarten; er ist kaltgründig und bedarf einer sorgfältigen Lockerung und zur Zeit einer starken Düngung reichlich mit Ammonium versehen zu werden, um ihn zu erwärmen und zur Vegetation anzureizen.

Dritter Klasse.

a) Thonboden mit Sand und Kies vermischt, sehr eisenhaltig, in der Regel schlumpig, zeigt träge Vegetation.

b) Fester Thonboden, dem die Humussäure und die zur Vegetation der Pflanzen erforderlichen Salze fast ganz fehlen. — Erst bei der Ermittelung der Ertragsfähigkeit wird sich beurtheilen lassen, ob diese Klassen ausreichen oder nicht; wir beabsichtigen nur Material zu liefern, welches als erster Anhalts-Punkt brauchbar sein wird.

2. Gerst-Boden

Erster Klasse.

a) Humusreicher Lehmboden mit etwa 8 bis 10 Procent Humus; er ist zum Bau aller Gewächse geeignet, immer leicht zu bestellen, fast keinem Mißwachs ausgesetzt; er gewährt, den Weizen-Boden erster Klasse ausgenommen, durchschnittlich vielleicht die reichste Ernte.

b) Dieselbe Bodengattung, jedoch mit einer Abnahme von etwa 3 bis 4 Proc. an Humus.

Beide Sorten sind zum Bau von Klee und Hackfrüchten besonders geeignet.

c) Mergelreicher Lehmboden; er unterscheidet sich äußerlich dadurch von den beiden vorhergehenden, welche eine schwärzliche Farbe haben, daß dieser eine mehr gelbliche annimmt. Weizen, Rübsen, auch besonders Klee, gedeihen auf diesem Boden, in Hackfrüchten bleibt er gegen a und b zurück und verzehrt mehr Dünger.

Zweiter Klasse.

a) Sandiger Lehmboden, besonders geeignet für kleine Gerste, Roggen, Hafer auch Erbsen und Klee, wenn es ihm nicht an Mergel und Gips fehlt.

b) Lehmboden mit Grand untermischt; dieser, wenn er auch gute Ernte bringt, gewährt doch wegen der großen Düngerverzehrung einen weit geringern reinen Ertrag.

3. Roggen-Land.

Erster Klasse. Feinkörniger, oft humoser Sand, gewährt gute Ernte in Roggen und Hafer, Kartoffeln und Rüben, besonders wenn er auf einem feuchten Untergrunde steht.

Zweiter Klasse. Sandboden mit etwas Mergel vermischt.

Dritter Klasse. Sand mit etwa 8 bis 10 Proc. Lehm versetzt.

Vierter Klasse. Merglichter Kiesboden, reichlich mit, die Feuchtigkeit im Boden erhaltenden, Steinen bedeckt.

Fünfter Klasse. Eisenhaltiger feuchter grobkörniger Sand.

Alle diese eben aufgeführten Bodenarten bedürfen einer öftern, wenn auch stets nur schwachen Düngung und Mergelung, und die mit Rücksicht auf Bodenkraft berechnete Fruchtfolge wird ihre Niederlegung auf längere Zeit zur Weide fordern, wenn sie nur etwas lohnende Ernte gewähren sollen.

Die nach diesen noch folgenden Sandboden-Arten haben als Ackerland nur unter ganz besonders günstigen Verhältnissen einen Werth und können nur als Weide oder zur Nadelholz-Cultur nutzbar verwandt werden.

4. Bruch- und Moorboden.

Der Bruchboden zerfällt in zwei Haupt-Klassen, den eigentlichen humusreichen Boden, wie wir ihn in den Elsbrüchen finden, und den eigentlichen Moorboden.

Erster Klasse ist sehr reich und einträglich, wenn er gehörig entwässert werden kann, und zerfällt

a) in solchen, der mit erdigen Theilen gemischt, vollkommen

bindend ist; er trägt sehr reichlich Hafer, Erbsen, Wicken, Bohnen, Hackfrüchte und Gras, gewährt dabei eine schöne Weide; Wintergetreide trägt er nur, wenn er sehr trocken gelegt werden kann und sich durch Zersetzung der in ihm enthaltenen Pflanzenabgänge gefestigt hat;

b) in solchen, der wenige erdige Theile enthält und daher den Wurzeln der Halmfrüchte, die in ihm üppig aufschießen, keine gehörige Haltung gewährt, so daß sie bei der Reife leicht umfallen.

Die Früchte auf dieser Bodenart leiden häufig durch Frost, wodurch sich der Werth derselben erniedrigt.

Zweiter Klasse.

a) moorichter Torfboden,

b) eigentlicher grasleerer Moorboden mit festem Untergrund, allein mit Moos und Schichten unreifen Torfs bedeckt.

Die vorstehende Klassifikation der verschiedenen Bodenarten wird wahrscheinlich behufs von Beleihungstaxen ausreichen; eine noch weitere Zergliederung würde die Boniteurs wahrscheinlich mehr irre leiten, als zu einer schärfern Bezeichnung der Werthverhältnisse führen.

Gedruckt bei Julius Sittenfeld in Berlin.

FSC
www.fsc.org
MIX
Papier | Fördert gute Waldnutzung
FSC® C083411

Kolibri 360 GmbH
Ferdinand-Jühlke-Straße 7
99095 Erfurt, Deutschland
produktsicherheit@kolibri360.de